CATARATA

Deusto
Centro de Ética Aplicada
Etika Aplikatuko Zentroa

JOSÉ ANTONIO PÉREZ PÉREZ

Profesor de Historia Contemporánea en la Facultad de Letras de la (UPV-EHU) e investigador del Instituto de Historia Social Valentín de Foronda. A lo largo de los últimos treinta años ha centrado su trabajo en el estudio del movimiento obrero durante el franquismo, en la historia oral y en el terrorismo en el País Vasco. Entre sus publicaciones más importantes, además de una larga serie de artículos en revistas especializadas y capítulos en libros colectivos, es autor de *Los años del acero* (2001), *Los espejos de la memoria* (2005), y coordinador de varios libros con Fernando Molina Aparicio y Juan Pablo Fusi. Además de ello, ha coordinado la trilogía titulada *Historia y memoria del terrorismo en el País Vasco, 1968-2011*.

ÁNGELA BERMÚDEZ VÉLEZ

Investigadora principal del Centro de Ética Aplicada de la Universidad de Deusto. Dirige la línea de investigación sobre Conflictos y Culturas de Paz y la Comunidad de Aprendizaje sobre Memoria, Educación Histórica y Construcción de Paz en Euskadi. Su propia investigación indaga sobre cómo la educación histórica formal e informal promueve o impide una comprensión crítica de la violencia política y la construcción de paz. Se doctoró en Educación en la Universidad de Harvard en 2008, donde estudió la participación de los jóvenes en la discusión de controversias sociales y políticas. Antes, trabajó en Colombia, de donde es originaria, diseñando currículos y recursos didácticos, formando a maestros, enseñando a jóvenes e investigando en torno a la educación histórica, democrática y ética. Ha sido consultora del Ministerio de Educación Nacional de Colombia, la Secretaría de Educación de Bogotá, la Organización de los Estados Americanos (OEA), la Organización de Estados Iberoamericanos (OEI) y el Instituto para el Fomento de la Educación Superior (ICFES). Ha sido docente, entre otras, en la Universidad de Deusto (Bilbao), Northeastern University (Boston), Harvard University (Cambridge), Universidad Javeriana (Bogotá) y la Facultad Latinoamericana de Ciencias Sociales (FLACSO, Buenos Aires).
Research ID: Web of Knowledge: H-1290-2011/ orcid.org/0000-0002-5269-6420

José Antonio Pérez Pérez y Ángela Bermúdez Vélez

¿Quién sostuvo el franquismo en Euskadi?

Izaskun Sáez de la Fuente y Ángela Bermúdez
(editoras de la colección)

COLECCIÓN MEMORIA E HISTORIA DEL CONFLICTO
Y LA VIOLENCIA EN EUSKADI

ESTA COLECCIÓN SE PRODUCE CON EL APOYO DE UN CONVENIO ENTRE EL GOBIERNO VASCO Y LA UNIVERSIDAD DE DEUSTO PARA EL DESARROLLO DEL PLAN DE CONVIVENCIA, DERECHOS HUMANOS Y DIVERSIDAD (2021-2024).

DISEÑO DE CUBIERTA: MIKEL LAS HERAS

¿QUIÉN SOSTUVO EL FRANQUISMO EN EUSKADI?

ISBN: 978-84-1067-137-9
DEPÓSITO LEGAL: M-22.211-2024
THEMA: 1DSE-ES-R/GTU/3MPQ-ES-A

IMPRESO POR ARTES GRÁFICAS COYVE

ÍNDICE

SOBRE LA COLECCIÓN

Una década después del alto el fuego definitivo de Euskadi Ta Askatasuna (ETA), las personas jóvenes en Euskadi —la primera generación que no ha sufrido en carne propia la violencia— manifiestan tener pocos espacios seguros en los que preguntar, conversar y discutir sobre el tema.

La presente colección editorial busca promover en las nuevas generaciones una comprensión crítica de la historia de conflicto y violencia vivida en Euskadi en las últimas décadas. Está dirigida, principalmente, a las personas jóvenes, a los ciudadanos y ciudadanas de a pie que se interesan por estas cuestiones, pero también al profesorado en ejercicio o en formación y a las personas que, desde distintas organizaciones públicas y privadas, quieren fomentar el respeto de los derechos humanos y el cultivo de la paz y de la convivencia.

Este es un proyecto de la Comunidad de Aprendizaje sobre Memoria, Educación Histórica y Construcción de Paz en Euskadi, una iniciativa del Centro de Ética Aplicada de la Universidad de Deusto que, desde sus inicios en 2018, ofrece un espacio de diálogo y reflexión interdisciplinar e intergeneracional sobre el pasado violento de Euskadi. En su primera fase de trabajo (2019-2021), la Comunidad se dedicó a explorar, con jóvenes de distintos perfiles ideológicos, las preguntas y reflexiones que ellas y ellos se hacen acerca de la violencia de motivación política vivida. De manera recurrente manifestaron que les surgen preguntas que no tienen dónde plantear y que se hacen reflexiones que no pueden contrastar con otras personas. Sienten el peso de un "silencio heredado y autoimpuesto" en la familia, las cuadrillas, la escuela y la comunidad.

A la persistencia de este silencio ha contribuido la idea de que, para promover la paz y la convivencia, lo mejor es pasar página, olvidarse del pasado y mirar solo hacia el futuro. Pero no se puede construir el futuro de espaldas al pasado. Por ello, en su actual fase de trabajo, la Comunidad de Aprendizaje ha reunido a un grupo de historiadores expertos en la temática, filósofos y científicos sociales expertos en el análisis ético de la violencia y pedagogos expertos en educación histórica, para colaborar en la producción de esta colección.

Cada uno de los libros de la colección profundizará en una cuestión histórica o ética que hemos identificado como especialmente relevante para interrogar críticamente los relatos que las personas jóvenes tienen sobre la historia del conflicto vasco y de la violencia. Se trata de una estrategia pedagógica narrativa que, siguiendo la senda de Penélope, propone destejer con cuidado y volver a tejer con conciencia la memoria social de un pasado sangrante y doloroso. En ella, la visibilización y la exploración crítica de los mitos, los sesgos y las sobresimplificaciones que sirven para justificar la violencia marcan el punto de partida de una doble dinámica de *historización de la memoria* y de *memorialización de la historia*. Con ella se busca mejorar la comprensión que las personas tienen de la complejidad de los fenómenos históricos, encarnar el pasado en la experiencia de las víctimas y, así, activar el potencial de la historia para desnormalizar y deslegitimar la violencia.

INTRODUCCIÓN

En Euskadi, el relato nacionalista (pero también el difundido por un amplio sector de la izquierda) dibuja un franquismo en blanco y negro, con un pueblo vasco defensor de su identidad y de las libertades democráticas, sometido férreamente al poder de unas élites eclesiásticas, empresariales y políticas absolutamente entregadas al régimen e identificadas con su discurso ultraconservador y centralista que manifestaba un rechazo radical frente a cualquier tipo de movimiento que reivindicase el respeto a la identidad vasca. Se trata de una fotografía demasiado simple, construida a base de estereotipos, donde se echan en falta toda una serie de tonos y zonas grises, aspectos que permitirían cuestionar una narrativa excesivamente autocomplaciente sobre el pasado más cercano en la que el pueblo vasco aparece definido como un constructo compacto y sin fisuras, que solo incluye a los vencidos en la guerra y borra de sus filas de un plumazo a quienes apoyaron el franquismo o, al menos, contemporizaron con él.

Ningún régimen dictatorial que perdura durante décadas se sostiene únicamente gracias a la imposición del terror. Este último funciona durante un tiempo o en periodos concretos para acabar con la oposición o combatirla cuando trata de recuperarse, pero el miedo como instrumento de control tiene un recorrido limitado y unas consecuencias que a medio y largo plazo pueden volverse en contra de quien lo ejerce y terminar cuestionando su legitimidad, si esta se basa únicamente en la represión. El caso del franquismo constituye un ejemplo de ello. Nacido de una guerra civil tras un fallido intento de golpe de Estado, el nuevo régimen, inspirado en los proyectos totalitarios que asolaron Europa durante los años treinta, fue el único que sobrevivió a todos ellos y el que logró perdurar hasta la década de los años setenta, si exceptuamos el caso portugués bajo el régimen de Salazar.

La derrota del fascismo y el nuevo contexto internacional que se abrió con la Guerra Fría convirtieron a Franco en un activo colaborador de las potencias occidentales en la lucha contra el comunismo. La firma del Concordato con la Santa Sede, los acuerdos con Estados Unidos y la entrada de España en la Organización de las Naciones Unidas (ONU), que se produjeron en los años cincuenta, fueron el espaldarazo que contribuyó decisivamente al reconocimiento y aceptación del régimen por parte de la comunidad internacional. Pero la dictadura también necesitaba una cierta legitimación dentro de España.

Los estudios que se han publicado en los últimos años han ayudado a profundizar en el conocimiento sobre diferentes aspectos y facetas del franquismo. Uno de los más importantes se ha centrado en la represión. A día de hoy disponemos de una buena información sobre cómo funcionó esta práctica, los mecanismos de castigo que puso en marcha el régimen, las formas que adoptó y quiénes fueron los sectores de la población que la sufrieron en mayor medida. Sobre estas cuestiones trata el libro de esta colección titulado *Las caras de la represión en la Guerra Civil y en la postguerra en Euskadi (1936-1965)* (Gómez, Barruso, Zubiaga, Berriochoa y Bermúdez, 2023).

Sin embargo, sigue habiendo un terreno mucho menos explorado y es aquel que debería tratar de explicar cómo el franquismo fue moldeando a la sociedad española hasta generar un cierto apoyo que permitió que el régimen, a pesar de la creciente oposición que se produjo en sus últimos años, se prolongara hasta la propia muerte del dictador. El estudio sobre el apoyo popular a las dictaduras ha aportado ya interesantes trabajos sobre el fascismo, el nazismo o el colaboracionismo con los regímenes totalitarios durante los años treinta y cuarenta; también en el caso de España (Molinero, 2005; Del Arco, 2009; Alegre, 2022). Sin embargo, en el País Vasco constituye un terreno muy poco explorado, al menos hasta este momento (Calvo, 1995).

Las zonas grises siguen siendo espinosas, especialmente en un territorio donde la narrativa nacionalista ha terminado por extender un relato heroico y victimista en el que Euskadi se presenta como el territorio de España más castigado por la represión de un régimen ajeno por completo a los vascos, y el que combatió con mayor ardor contra el fascismo. Esta literatura esquiva deliberadamente un tema tan relevante (e incómodo) como la existencia de un sector social y político que apoyó a los alzados en armas frente a la República, e incluso el dubitativo posicionamiento inicial de los líderes del Partido Nacionalista Vasco (PNV) frente al intento de golpe de Estado del 18 de julio de 1936.

El objetivo de la narrativa nacionalista es presentar al pueblo vasco como objeto de una persecución por parte de España que tendría en la imposición del régimen franquista su máxima expresión (Castells y Rivera, 2015: 265-305). En este relato, los vascos formarían un bloque homogéneo y compacto, firme defensor de las libertades democráticas, aplastado por un régimen genocida que persiguió y castigó sin piedad a quienes defendieron su identidad nacional. Pero para que las tropas insurgentes triunfasen, además de la superioridad militar de quienes apoyaron el "Alzamiento Nacional", tal y como fue definido por los golpistas, era necesario contar con el apoyo de un sector importante y organizado, una trama política y social que se unió a ellos para secundar aquella intentona que terminó finalmente en una guerra civil. Y el País Vasco, junto con Navarra, fueron dos de los territorios donde los golpistas tuvieron un mayor respaldo gracias a la participación directa de los carlistas desde el primer momento (Ugarte, 1998).

La visión de un país ocupado ya estaba presente en la narrativa nacionalista anterior a la Guerra Civil, pero, como apuntó Jáuregui (1981: 139-143), el franquismo contribuyó poderosamente a reforzarla. Esta versión se asentó con enorme fuerza y ha perdurado en gran medida hasta hoy, al menos entre un sector nada desdeñable de la sociedad vasca. Así se refleja en las reflexiones de Euskal Memoria[1]. Significativo es el apartado de su página web titulado "¿Quiénes somos?":

> [...] Si queremos cambiar las cosas es condición indispensable entender lo que somos, de dónde venimos y por qué persiste la opresión que nos niega la libertad [...] la recuperación de la memoria histórica es un ejercicio indispensable y eficaz para transformar el presente y construir el futuro. [...] En cuanto entendamos la evidencia de que la Guerra de 1936, el franquismo, la Reforma, el centralismo francés y el constitucionalismo español son eslabones de una misma cadena, la perspectiva global sobre el conflicto, su origen, efectos y resolución se alterará. Sólo entonces empezaremos a vencer también en la redacción de nuestra propia percepción de la verdad. Nuestra verdad será igualmente visible, y ganar el futuro será un reto costoso pero posible (Fundación Euskal Memoria, 2014).

Esta visión de la realidad forma parte de la "narrativa del conflicto milenario" que ha servido en gran medida para justificar la violencia de ETA como una respuesta legítima de autodefensa frente a la invasión española impulsada para acabar con la libertad de los vascos. Sin embargo, dicho relato obvia aspectos tan incómodos como el hecho de que buena parte de quienes desfilaron orgullosos por las calles de Bilbao a finales de junio de 1937 para celebrar la caída de la capital vizcaína pertenecían precisamente a las IV Brigadas de Navarra, las unidades militares compuestas por requetés de aquel territorio, unas tropas que llegaron a reunir a decenas de miles de voluntarios a favor del bando franquista (Canal y Morell, 2006: 239). Y lo que es más importante, muchos de aquellos combatientes hablaban euskera, eran fervientes católicos y participaron de la lógica de la Cruzada. Así vivió la entrada de las

1. Euskal Memoria es una fundación impulsada por el mundo *abertzale* para reivindicar, según sus propias palabras, "la memoria histórica" de Euskal Herria, "en la medida que padece la opresión y la negación [que] como pueblo ha sufrido a lo largo de los siglos", como consecuencia de la "falsificación constante de su historia" y de la "ofensiva ideológica de los Estados español y francés".

tropas franquistas en Berriz, María Elordui, vecina de este pueblo vizcaíno y perteneciente a una familia nacionalista.

Testimonio de María Elordui (2005)

"En casa había un cuadro con la imagen de Sabino Arana y Goiri. A su lado, un Cristo, dos candelabros y un *katilu* con agua bendita encima de una cómoda. Cuando entraron los franquistas los hombres de la familia fueron detenidos y nos revisaron la casa. Luego supimos quiénes los denunciaron. Eran del propio pueblo, amigos de la cuadrilla, de Olakueta. Aquí siempre ha habido más carlistas que nacionalistas. De la parroquia hacia arriba eran más nacionalistas. Hacia abajo, más carlistas. Solían decir que mi padre y mis tíos eran carlistas. Carlistas sí, y Sabino Arana ¿qué había sido? Carlista, pero luego se hizo nacionalista para defender a Euskadi. [...] Cuando entraron los franquistas y vinieron aquí, todos eran carcas (carlistas), ahora todos son de Herri Batasuna. La más carca de todas era la hija del carlista que denunció a mi padre y a mis tíos, y me vino pidiendo que me apuntase en una lista para ayudar a los presos (de ETA). El nuevo alcalde fue Felipe Alberdi Gaztelunutia. Denunció a muchos, por eso le apodaban 'el verdugo'. Fusilaron al antiguo alcalde, Felipe Urtiaga Eguren (republicano) y a militantes de la UGT como José Aguirre... Yo lo que no entiendo son estos que vinieron de Navarra, los requetés. Fueron los que primero entraron en el pueblo. Hablaban en euskera y nos entendíamos muy bien. Nos dieron pan blanco, pero también venían cargados de piojos. Mi tía despiojó a muchos de ellos con aceite, alcanfor y jabón chimbo. A nosotros nos liberaron requetés navarros".

Fuente: Entrevista realizada a María Elordui (octubre de 2005) dentro del proyecto de investigación sobre fuentes documentales de la represión franquista en Berriz.

La participación vasca en el sostenimiento del franquismo no se redujo a su contribución al triunfo del bando nacional en la Guerra Civil. Terminada esta y superada la intensa represión política de la postguerra, la dictadura desplegó una amplia variedad de mecanismos para conseguir apoyo social. El nombramiento de los nuevos cargos políticos, el apoyo económico para financiar el intenso desarrollo industrial del País Vasco, la provisión de determinados programas y ayudas sociales para favorecer la consolidación de unas clases medias que podían "convivir cómodamente" con la dictadura y, por supuesto, el control de la educación y de su función propagandística, la práctica de la censura y el apoyo de la religión, en especial de la Iglesia católica, contribuyeron a un cierto "blanqueamiento" del régimen que caló en amplios sectores de la población española y vasca; esta percepción se condensa en expresiones populares como la de "con Franco se vivía mejor".

Este libro desgrana con detalle todos estos mecanismos con el objetivo de proporcionar una visión más compleja y matizada de la sociedad vasca y de su relación con la dictadura franquista. No se pretende en absoluto restar importancia a las distintas e intensas formas de represión ni al carácter profundamente antidemocrático de los cuarenta años de franquismo. Pero lo que permite esta visión más compleja de la sociedad vasca es resquebrajar el mito de la presencia de la dictadura en Euskadi como una ocupación foránea contraria a una supuesta identidad esencial compartida por todos los vascos y a su espíritu de defensa sin fisuras de las libertades democráticas. Con ello se pone en entredicho la justificación del recurso a la violencia como una necesidad histórica irrenunciable frente a dicha "ocupación".

1. UN NUEVO PERSONAL POLÍTICO PARA UN NUEVO RÉGIMEN

Tras la euforia de la victoria en la Guerra Civil, era necesario instaurar un nuevo régimen y poner en marcha unas nuevas instituciones controladas absolutamente por un personal adepto a la causa. Quienes pudieron presentar sus credenciales como fieles seguidores de Franco fueron recompensados por ello, manteniéndose en sus cargos o siendo promocionados a puestos de mayor responsabilidad. La suerte fue muy diferente para aquellos que habían militado en organizaciones políticas o sindicales republicanas y habían combatido en sus filas. La clasificación en "afectos", "indiferentes" y "desafectos", que estableció el franquismo, definía la visión del régimen sobre el conjunto de la sociedad española.

El reclutamiento del nuevo personal político, al menos en el ámbito local, no resultó demasiado complicado. La inmensa mayoría de los alcaldes que fueron nombrados para presidir los ayuntamientos de los pueblos y ciudades "liberadas" eran vascos, vecinos de esas mismas localidades. Algunos de ellos habían participado ya en la vida política durante la II República (incluso durante el periodo de la Restauración) en formaciones de derechas. Prácticamente desde 1937 todos terminaron fundiéndose oficialmente sin demasiados problemas en un solo partido, Falange Española Tradicionalista y de las Juntas de Ofensiva Nacional Sindicalista (FET de las JONS), partido único que a partir de 1943 sería comúnmente conocido como Movimiento Nacional.

Algo distinto ocurrió con los gobernadores civiles de las tres provincias vascas. No hubo gobernadores vascos en el País Vasco porque estos cargos, desde su origen en 1824, no ejercían en sus propios territorios precisamente para evitar su dependencia de los poderes locales; eran instrumentos de control del poder central sobre el local. Pero sí hubo gobernadores vascos en otras provincias españolas y, muchos, personalidades de total confianza del régimen para representarlo en otros territorios del país.

TABLA 1

GOBERNADORES CIVILES DE ORIGEN VASCO EN OTRAS PROVINCIAS DURANTE EL FRANQUISMO

NOMBRE Y APELLIDO	ORIGEN	PROVINCIAS DONDE FUE GOBERNADOR
Jesús Aramburu	Aretxabaleta (Gipuzkoa)	Alicante (1949-1954), Valladolid (1954-1957) y Madrid (1957-1965)
Antonio Almagro	Durango (Bizkaia)	Burgos (1936-1940)
Fco. Javier Ansuátegui	Elgoibar (Gipuzkoa)	Álava (1976-1977) y Córdoba (1977-1980)
José María Arellano	Corella (Navarra)	Gipuzkoa (1936-1937), La Coruña (1937-1938) y Bizkaia (1936-1937)
Daniel Arraza	Etxarri-Aranatz (Navarra)	Tenerife (1937), Zamora (1937-1938) y Cádiz (1938-1939)
José Luis Arrese	Bilbao	Málaga (1939-1941)
Vicente Asuero y Ruiz de Arcaute	S. Sebastián	Palencia (1962-1964) y Guadalajara (1964-1966)
José Luis Azcárraga	Vitoria	Cáceres (1960-1961) y Lugo (1961-1962)
Gerardo Caballero	Vitoria	Oviedo (1937-1938) y Gipuzkoa (1939-1941)
Eladio Esparza	Lesaka (Navarra)	Navarra (1936) y Álava (1937-1938)
Cándido Fernández	Vitoria	Álava (1936-1937)
Tomás Garicano	Pamplona	Gipuzkoa (1951-1956) y Barcelona (1966-1969)
José Garrán	Olite (Navarra)	Bizkaia (1941-1942)
Jesús Gay	S. Sebastián	Albacete (1971-1973) y Burgos (1973-1977)
Julio Gutiérrez	Vitoria	Palencia (1966-1968), Huelva (1968-1969) y Córdoba (1969-1970)
Antonio Ibáñez	Vitoria	Santander (1960-1961), Bizkaia (1961-1963) y Barcelona (1963-1966)
Luis Ibarra	Vitoria	Guadalajara (1966-1970)
Pedro Ibisate	Uztarroze (Navarra)	Orense (1951-1953)
Jesús Iraola	Pamplona	La Coruña (1945)

NOMBRE Y APELLIDO	ORIGEN	PROVINCIAS DONDE FUE GOBERNADOR
Antonio Iturmendi	Barakaldo (Bizkaia)	Tarragona (1939) y Zaragoza (1939)
Ricardo Macarrón	Vitoria	Pontevedra (1936-1937)
José María Olozábal	Bilbao	Las Palmas (1945-1947)
Elías Querejeta	S. Sebastián	Murcia (1941-1943)
José María Rabanera	Vitoria	Palencia (1973-1977)
Antonio Rueda	Pamplona	Almería (1945-1946), Cáceres (1946-1956), Álava (1956-1961), Navarra (1961-1962) y Valencia (1962-1973)
Aniceto Ruiz	Tudela (Pamplona)	Teruel (1944-1946)
José Ruiz de Gordoa y Quintana	Alda (Álava)	Jaén (1968-1972), Navarra (1972-1976) y Sevilla (1976-1977)
Martín Sada	Tudela (Navarra)	Castellón (1939-1941)
Fermín San Orrio y Sanz	Pamplona	Baleares (1940-1941), Cádiz (1941) y Gipuzkoa (1941-1942)
Luis Serrano de Pablo	Vitoria	Zamora (1946-1948)
Ramón Sierra	Bilbao	Gipuzkoa (1936)
Felipe Ugarte	S. Sebastián	Álava (1974-1975) y Bizkaia (1975-1976)
Manuel María Uriarte	Bilbao	Zaragoza (1976-1977) y Bizkaia (1977)
Manuel Veglisont	S. Sebastián	Guadalajara (1940-1941) y Baleares (1942-1945)

Fuente: Elaboración propia a partir de la Base de datos de gobernadores civiles (1936-1982), elaborada por Marín, Ponce y Sanz (s. f.).

Los gobernadores fueron una pieza básica en la implantación y consolidación del franquismo y se erigieron en la figura con mayor autoridad política del nuevo régimen en las provincias (Marín, 2013). Muchos de ellos, tras su paso por diferentes destinos, serían promocionados para ocupar cargos de mayor responsabilidad dentro de la estructura del Estado franquista.

Lamentablemente, no contamos todavía con estudios rigurosos ni completos sobre el personal político del franquismo ni sobre la implantación y construcción del nuevo régimen en el País Vasco, solo con algunas monografías que señalan las características básicas de este proceso (Calvo, 1995; Zubiaga, 2017; López de Maturana, 2014). La propia definición de "franquistas" es demasiado imprecisa para ubicar la filiación concreta de cada cargo, teniendo en cuenta el amplio abanico de fuerzas políticas de derechas que, pese a sus matices diferenciales, convergieron en la defensa del régimen en el País Vasco. En Bizkaia, hacia 1949, una gran parte de las élites políticas locales (básicamente alcaldes y concejales) procedía de Renovación Española (42%) y en menor medida del carlismo (26%), siendo los falangistas una minoría residual (4%). Los monárquicos alfonsinos, vinculados en muchos casos a la oligarquía industrial local, se auparon a los puestos más importantes en el Ayuntamiento de Bilbao y la Diputación Provincial. En Gipuzkoa, sin embargo, fueron los tradicionalistas quienes se impusieron en la provincia sobre las otras familias del régimen: el 48% de los concejales de este territorio venían del carlismo, que tuvo también el control de la Diputación y del Ayuntamiento de San Sebastián. Algo similar ocurrió en Álava, donde los carlistas eran especialmente fuertes. El Ayuntamiento de Vitoria estuvo dirigido durante los primeros años del régimen por personajes "derechistas" sin una clara filiación política (López de Maturana, 2009: 175-217), mientras en Navarra, verdadero feudo tradicionalista, las instituciones provinciales y locales estuvieron bajo control carlista.

La *paz social* impuesta por la represión de la postguerra terminó asentándose definitivamente durante los años cuarenta y cincuenta. Las provincias vascas continuaron proporcionando al régimen todo un elenco de políticos de primer orden que formaron parte del entramado del poder.

Las diputaciones provinciales y los ayuntamientos estuvieron siempre regidos por hombres de confianza y leales al régimen. Recordar sus nombres y su procedencia es importante y ayuda a comprender las redes políticas y clientelares que este último fue tejiendo en torno a las élites políticas provinciales y locales, fundamentales para asegurar y estrechar los lazos con el poder central en una relación de ida y vuelta. Plácido Careaga, Fernando de Ybarra y Fernando de Arístegui fueron presidentes de la Diputación Provincial de Bizkaia a lo largo de los años sesenta. Vicente Asuero y Antonio Epelde presidieron la de Gipuzkoa; Manuel Cortadi y Félix Huarte, la de Navarra, y Manuel Aranegui y Coll y José Luis Gordoa, la alavesa (para el caso concreto de Álava, véase Cantabrana, 2009: 121-179). Al frente de los ayuntamientos más importantes del País Vasco siempre hubo hombres (y excepcionalmente alguna mujer, en el caso de Bilbao) nacidos en estas localidades o al menos con fuertes lazos que les ligaron a ellas. Lorenzo Hurtado de Saracho, Javier de Ybarra y Pilar Careaga fueron alcaldes de la capital vizcaína. Nicolás Lasarte y José Manuel Elósegui estuvieron al frente del consistorio de San Sebastián. Luis Ibarra Landete y Manuel Lejarreta Allende hicieron lo propio en Vitoria. Todos ellos juraron la Ley de Principios Fundamentales del Movimiento (1958) y fueron fieles al régimen hasta su desaparición, consumada tras la muerte de Franco.

El primer alcalde de Bilbao, José María Areilza —quien en su discurso como primer alcalde de Bilbao del franquismo aseguraba que el objetivo del régimen era arrancar la mala hierba *hasta la raíz, matar, purgar y sanar* (Rodrigo, 2006; Gómez, 2014)— fue consejero nacional del movimiento entre 1946 y 1948 y, más tarde, embajador de España en Argentina, Francia y Estados Unidos, antes de evolucionar políticamente hacia posiciones críticas con el franquismo desde un liberalismo monárquico, para acabar siendo ministro de Asuntos Exteriores en el primer Gobierno de la Transición y uno de los cofundadores de la Unión de Centro Democrático (UCD). Antes de ello, entre 1962 y 1969, el bilbaíno Fernando Castiella estuvo al frente de la misma cartera y José Félix de Lequerica, nacido también en la capital vizcaína, representó a España en las Naciones Unidas hasta 1963. José Luis Arrese, nacido también en Bilbao, fue ministro-secretario general de FET y de las JONS en dos periodos diferentes, de 1941 a 1945 y de 1956 a 1957, para pasar a ser ministro de Vivienda entre 1957 y 1960.

El donostiarra Juan Pablo Lojendio fue director general de Relaciones Culturales de 1951 a 1952, embajador de España en Cuba entre 1952 y 1960, posteriormente en Suiza hasta 1969 y, finalmente, en Roma (primero en Italia y luego en El Vaticano hasta 1973). El getxotarra Antonio María de Oriol y Urquijo ocupó la cartera de Justicia desde 1965 a 1973 y posteriormente fue presidente del Consejo de Estado entre 1972 y 1979. Antonio Iturmendi, carlista y nacido en Barakaldo, que había sido el titular de ese mismo ministerio entre 1951 y 1965, pasó a ser presidente de las Cortes desde ese mismo año hasta 1969 (anteriormente otro vizcaíno, Esteban Bilbao y Eguía, había ocupado el puesto desde 1943). Fermín Sanz Orrio, natural de Pamplona, fue ministro de trabajo entre 1957 y 1962. Ese año fue sustituido por el abogado bilbaíno Jesús Romero Gorría, que había participado en la redacción del Fuero del Trabajo —versión dictatorial del Estatuto General de Trabajadores—, para hacerse cargo del mismo puesto hasta 1969. José Antonio Elola-Olaso, nacido en Argentina en el seno de una familia vasco-navarra, estuvo al frente de la Dirección General de Deportes desde 1956 a 1967. El general Lacalle Larraga fue ministro del Aire de 1962 a 1969 y el navarro Tomás Garicano Goñi dirigió Gobernación desde 1969 a 1973, uno de los periodos más críticos del tramo final del franquismo, tras haber sido gobernador civil de Gipuzkoa y Barcelona. Todos vascos y todos hombres de la máxima confianza de Franco.

Esta lealtad incondicional no fue incompatible con ciertos gestos que nunca llegaron a ponerla en entredicho. Algunos presidentes de las diputaciones provinciales se atrevieron a solicitar ante las más altas instancias del Estado la restitución de los conciertos económicos que habían sido suprimidos en Bizkaia y Gipuzkoa con la aprobación del Decreto-Ley de 23 de junio de 1937, como respuesta al apoyo que estas dos provincias habían dado a la legalidad republicana. Así lo hicieron, por ejemplo, Fernando Aramburu Olaran en 1942, Antonio Epelde Hueto en 1966 y José María Araluce en 1974 (quien posteriormente sería asesinado por ETA en octubre de 1976), todos ellos presidentes de la Diputación de Gipuzkoa. Otros cargos políticos fueron más prudentes. Tan solo pidieron la eliminación de la alusión directa al comportamiento de las dos provincias costeras que se hacía en el preámbulo de dicho decreto, en el que se afirmaba que ambas se "habían alzado en armas contra el Movimiento Nacional [...], correspondiendo así con la traición a aquella generosidad excepcional". Así lo hicieron Martín Fernández Palacio, procurador en Cortes de Bizkaia, y José Ramón Estomba Goicoechea, diputado de la Diputación Provincial de Gipuzkoa (Pérez, 2009: 292-294). Estas reivindicaciones nunca significaron el más mínimo gesto de oposición frente a la dictadura. En realidad, se trató de una reivindicación de la fidelidad de las provincias que representaban y una defensa de su buen nombre.

A todos estos cargos habría que añadir todos los que formaban parte de la gigantesca estructura del nuevo régimen, como los vinculados a la Organización Sindical Española, con una tupida maraña de secretarías, subsecretarías y delegaciones, tanto provinciales como locales, así como las de otros organismos que formaron parte de la administración franquista y del Movimiento Nacional.

Más allá de estos importantes cargos con que fueron distinguidos y reconocidos toda una serie de políticos vascos, el franquismo mantuvo un especial interés por el País Vasco. En primer lugar, por su importante aportación económica derivada de su potente industrialización, pero también como lugar de descanso del propio Franco, algo que siempre tuvo un enorme significado político. San Sebastián fue la ciudad preferida por el jefe del Estado para su descanso estival, como lo había sido en el pasado para Alfonso XIII. En la capital guipuzcoana, el dictador disfrutaría de unas semanas de vacaciones navegando y pescando en el yate Azor y alojado en el Palacio de Ayete.

2. LA IGLESIA VASCA

Uno de los ámbitos más complejos para analizar los apoyos que tuvo el franquismo en el País Vasco es el de la Iglesia. La relación de esta institución con el régimen no fue uniforme y se fue transformando a lo largo del tiempo. En general, la jerarquía eclesiástica tanto vasca como española fue fiel a Franco y proporcionó a la dictadura una herramienta privilegiada de legitimación y control social y moral, sobre todo hasta la época del llamado "milagro económico español" y del resurgimiento de los conflictos sociales y políticos. No obstante, como se verá más adelante, en el caso vasco, desde el principio algunos sectores de la Iglesia tomaron distancia y fueron represaliados por la dictadura. A partir de la década de los sesenta, la oposición eclesial al franquismo se fue intensificando en el País Vasco y en el resto de España, llegando a desempeñar un papel fundamental en la socialización política de los futuros líderes políticos y sindicales de la Transición.

El profundo catolicismo del País Vasco facilitó la incorporación/asimilación de un sector importante de la sociedad que comulgaba con los valores tradicionales que representaba el nuevo régimen franquista. Aunque, gracias a la firmeza del PNV en el País Vasco, el culto había permanecido abierto durante los meses que duró la contienda en este territorio y no se produjeron los desmanes ni las persecuciones contra los religiosos que hubo en otras zonas de España bajo control republicano, también se registraron asesinados de este tipo, concretamente cuarenta a manos de grupos de batallones izquierdistas, más del triple de los fusilados por los franquistas. La "vuelta al orden" significó un cierto alivio para los sectores más conservadores, especialmente para los carlistas, pero no únicamente para ellos, también para todos aquellos que habían vivido con desazón cómo el nacionalismo se había alineado con la República en julio de 1936, despegándose políticamente de los valores más tradicionales que encarnaban las derechas.

La Iglesia católica fue uno de los pilares más sólidos para un régimen que había considerado la Guerra Civil una verdadera cruzada religiosa. Esta interdependencia entre la Iglesia y el franquismo se formalizó jurídicamente a través de un Concordato (1953). Este establecía un régimen de apoyo mutuo. El Gobierno español se comprometía a facilitar a la Iglesia todos los instrumentos que garantizasen su soberanía e independencia como "sociedad perfecta" y la posibilidad de llevar a efecto su pretendida teología de reconquista vertebradora de la sociedad en torno a principios católicos: prohibía cualquier otra confesión religiosa; confirmaba el carácter obligatorio de la enseñanza religiosa y la concesión a la Iglesia de un derecho de control en materia de educación, programas y publicaciones escolares y universitarias; se responsabilizaba del sostenimiento estatal del clero y de asegurar la capacidad patrimonial de la Iglesia; delegaba en las autoridades eclesiásticas la función de velar, incluso con su presencia, para que los órganos de opinión pública diesen el espacio conveniente a la exposición y a la defensa de la verdad religiosa, y afirmaba el derecho de asociación en favor de las organizaciones apostólicas. Como contrapartida, la Iglesia se comprometía a establecer el ritual de plegaria pública por Franco, otorgándole honores litúrgicos, y hacía que el Estado conservase el llamado privilegio de presentación para el nombramiento de obispos residentes, quienes debían prestar un juramento de fidelidad política (Sáez de la Fuente, 2001: 274).

Bajo el amparo del Concordato, la Iglesia se convirtió en una especie de *mesogobierno cultural y moral* que pretendía sancionarlo todo e influir en la conducta pública y privada de las personas (Pérez Díaz, 1993: 170). Se esbozó, desde arriba, un programa de recatolización y resacralización utilizando diversos mecanismos de socialización. Podemos destacar cuatro de ellos: el sistema educativo, la prensa, las asociaciones laicales y los símbolos, prácticas y ritos (Sáez de la Fuente, 2001: 274-276):

1. En el terreno educativo, la institución eclesial disponía de un buen número de centros de enseñanza media y universitaria. De hecho, el País Vasco destacaba respecto de otras regiones españolas por el mayor peso de los colegios religiosos frente a las escuelas públicas (Dávila y Naya, 2013: 374). Durante el franquismo, la enseñanza progresó considerablemente y algunas congregaciones actuaron como promotoras de una cantera de familias políticas del régimen y de futuros líderes de organizaciones de todas clases profesionales, culturales, sindicales, económicas y políticas. Además, la Iglesia católica tuvo una significativa presencia en las escuelas públicas por medio de la enseñanza de la religión y de su derecho al control moral y a la censura sobre los libros de texto, y también la tuvo en el ámbito familiar en una sociedad, como la española y especialmente la vasca, profundamente religiosa. En ese marco, la diferenciación de roles de género desde una perspectiva muy patriarcal caracterizó de forma decisiva el modelo de feminidad en términos de "ángel del hogar" y el papel de las mujeres como transmisoras de valores religiosos y patrióticos.

2. La prensa católica carecía de órganos prestigiosos, pero lo que perdió en calidad e independencia frente al poder lo ganó cuantitativamente por la expansión de su red de periódicos (por ejemplo, *Ya* y *La Gaceta del Norte*), revistas, editoriales, agencias de periodismo y emisoras de radio.

3. Tanto en el País Vasco como en España, las asociaciones de laicos fueron las únicas con existencia pública relativamente independiente del Estado y de la Falange. En la inmediata postguerra, la Acción Católica (AC) se alineó con la doctrina del nuevo régimen. Se presentó ante Franco con la pretensión de estar a sus órdenes sin dejar de recalcar su pertenencia al bando de los

vencedores, persiguiendo, en última instancia, reforzar la autoridad de los obispos y del clero sobre el movimiento y la extensión de su implantación al conjunto de la población. En esta época, se invistió de un carácter paramilitar; sobresalían desfiles, estandartes e insignias que funcionaban a modo de símbolo alegórico de un catolicismo victorioso. Aparecía como un auténtico ejército de recristianización y de extirpación de la herejía marxista entre los trabajadores.

La Acción Católica Nacional de Propagandistas (ACNP) y el Opus Dei eran organizaciones elitistas que se dedicaban a la formación de laicos para que estos participasen en la vida pública de acuerdo a su misión de defender la civilización cristiana. Dicho principio hizo que ambos tipos de asociaciones penetrasen en las diferentes estructuras de poder político y social: educación, prensa, empresas privadas y gobierno. Su diferencia más significativa radica en el momento en el que cada una de ellas disfrutó de un mayor peso específico en carteras ministeriales funcionando como instrumento de legitimación del sistema franquista. Al posibilitar la firma del Concordato, la ACNP fue la principal protagonista del desbloqueo internacional y del diseño de la llamada democracia orgánica. El Opus, por su parte, resolvió la crisis económica de 1957 y, en un clima de revueltas estudiantiles y obreras, llevó a cabo la etapa de desarrollo.

4. En el ámbito de los símbolos, las prácticas y los ritos, se impulsaron las misiones populares que llegaban a todos los rincones de la península, los ejercicios espirituales, la restauración de imágenes y de fiestas religiosas tradicionales, así como las consagraciones a los corazones de Jesús y de María; se establecieron patronos y se crearon bajo su nombre hermandades y cofradías recibiendo la Semana Santa un fuerte impulso. En los procesos de catecumenado y en las liturgias, la Iglesia transmitió un modelo de identidad religiosa de carácter exclusivamente moral basado en el binomio salvación eterna/condenación eterna y en los conceptos de miedo, pecado, culpa y penitencia. Aun así, los propósitos de recatolización no tuvieron éxito, ya que diferentes estudios

revelan la inexistencia de cambios sustanciales de tendencia y el predominio de un catolicismo sociológico repleto, en ocasiones, de artificio, de apariencia y de resentimiento, que actuó como factor explicativo y coadyuvante de la intensa secularización de los años sesenta y setenta.

Visión político-religiosa

Primera circular del Administrador Apostólico de la Diócesis de Vitoria, monseñor Laucirica, 1 de octubre de 1937

"Ha terminado ya el paréntesis que lamentaba el llorado Mártir de España. La España Misionera, que era la España del Imperio, vuelve a surgir con todo su esplendor y es necesario que nos entronquemos con nuestras glorias pasadas. Nuestros generales y soldados se han hecho dignos de nuestra Edad de Oro; ahora es menester que ellos y nosotros seamos los misioneros de Cristo Rey. En las conquistas de antaño iban a la par las acciones guerreras y la acción misionera; en las conquistas de hoy no será de otro modo".

Discurso de monseñor Laucirica en la fiesta celebrada en Bilbao para reponer el Crucifijo en el Instituto de Segunda Enseñanza, 1 de diciembre de 1937

"En la Iglesia española y en la Patria deben estar concentrados todos los amores. Al decir España, digo Iglesia. En el amor a nuestra Patria residen los grandes amores a la Iglesia. Amar a España es amar lo más grande, lo más sublime. Despreciarla, es despreciar lo más sagrado. El que ame de verdad a España y a su Iglesia es el que obtendrá el galardón en esta tierra y en el cielo. Escolares: amad a España y amaréis a Dios, y España os dará la felicidad en la tierra, y Nuestro Señor, la gloria en el Reino de los Cielos".

Fuente: Eusko Ikaskuntza (s. f.).

Traducción en textos escolares	
Antonio Fernández, "El glorioso alzamiento" (1951)	**Antonio Álvarez, "Lección 32" (1966)**
"El 18 de julio de 1936, cuando más a punto de morir estaba España, por los enemigos de su fe, de sus tradiciones y de su patrimonio espiritual, el pueblo español se irguió sacudido por divino aliento, dispuesto a rescatar tras Franco el suelo que poderes extraños detentaban. […] Mientras en la zona roja se destruyen iglesias, se asesinan sacerdotes, se anula el culto y se desmiembra la Patria, en la España nacional se exaltan los sentimientos católicos del pueblo, se lucha por la divina unidad de la Patria, se ventean nuestras glorias imperiales, y se riñen batallas para que no se ahoguen en ateo materialismo las almas de nuestros hermanos engañados. […] Los soldados llevaban alas en el corazón y ardientes amores en las puntas de las ballonetas, y a flor de primavera, la Victoria coronó con laureles las sienes del ejército, en las de su invicto Caudillo. Después de su victoria contra el comunismo, lograda ya la unidad territorial y espiritual, libre el suelo del pueblo español de invasores, robustecido nuestro prestigio internacional, estimulada la producción y protegidas las fuentes de riqueza, el futuro brinda a España años de paz y bienestar, en los que será ante el mundo, otra vez, timón y guía".	"[…] Alfonso XIII comenzó a reinar a los dieciséis años. Inteligente, patriota y buen católico, hubiera gobernado bien, pero las luchas políticas de los partidos y los disturbios sociales se lo impidieron. […] […] Para acabar con la ola de huelgas y desórdenes que invadían a España, el general Primo de Rivera se proclamó Dictador en el año 1923. La Dictadura duró siete años y reportó grandes beneficios a la nación. Al abandonar Primo de Rivera el poder, la monarquía quedó amenazada, y tras unas elecciones municipales, Alfonso XIII fue destronado, proclamándose en España la segunda República. […] La segunda República se proclamó en España en 1931. Los cinco años que duró se caracterizaron por continuos ataques a la religión y por abusos y atropellos de todas clases. […]".
Fuente: Fernández (1951).	Fuente: Álvarez (1966).

ACTIVIDAD 1

En los textos anteriores se evidencia la manera en que el franquismo y la Iglesia buscan moldear la conducta pública y privada de la ciudadanía en apoyo al régimen. Asimismo, se pone de manifiesto cómo los ideales ideológico-políticos fundantes se traducen en los contenidos que se incluyen y se excluyen de los textos escolares todavía en los años cincuenta y sesenta, mostrando una notable continuidad en su argumentario. Tras su lectura, reflexiona sobre lo siguiente:

- ¿Cuáles son los rasgos de identidad y de comportamiento que harían de una persona una buena o mala patriota?
- ¿Cómo influyen estas concepciones en los modos en que se cuenta el pasado inmediatamente anterior a la Guerra Civil y a la dictadura de Franco?
- ¿Cómo pudo contribuir este tipo de educación a la construcción de una base social de apoyo para una dictadura que se prolongó cuarenta años?

Para profundizar en estas relaciones recomendamos la lectura de *El florido pensil. Memoria de la escuela nacional católica* (Andrés Sopeña, 1994) que el grupo vasco Tanttaka llevó al teatro (1996) y Juan José Porto al cine (2002).

Discurso de Pilar Primo de Rivera en Medina del Campo (1939)	**Revista *Consigna* (1957)**
"Les enseñaremos a las mujeres el cuidado de los hijos, porque no tiene perdón que se mueran por ignorancia tantos niños que son siervos de Dios y futuros soldados de España. Les enseñaremos también el arreglo de la casa y gusto por las labores artesanas y por la música. Les infundiremos estos modos de ser que quería José Antonio para todos los españoles, para que así ellas, cuando tengan hijos, formen a los pequeños en el amor a Dios y en esta manera de ser de la Falange. Y a la vuelta de una generación, por obra de ellas, aquel niño que desde chiquitín llevó puesto el uniforme, que entre sus cuentos infantiles oyó la historia de la guerra y del Caudillo y la vida y muerte de José Antonio, cuando llegue a la mayor edad será un hombre cabal y tendrá ya metido dentro de sí este estilo de nuestra Revolución. Tan metido que por él no mirará hacia atrás para contemplar lo que hayan hecho sus padres, porque eso ya estará conseguido, y se pondrá de cara al mar para ver qué nuevas cosas hay que hacer".	"A veces puede resultar más fecundo, más maravillosamente fecundo y valioso, el viejo y difícil camino trillado por tantas mujeres que nos precedieron: el de perderse a sí mismas en el anonimato de la tarea menuda de acompañar a otro. Debe olvidarse voluntariamente de uno mismo para exaltar a otro. De enterrar su propio talento [...] para que sirva de abono al talento de otro. De fundir sus propios gustos en los gustos ajenos".
Fuente: Rodríguez (2017).	Fuente: Rodríguez (2017).

ACTIVIDAD 2

Después de leer el discurso de Pilar Primo de Rivera y el extracto de la *Revista Consigna*, una de las publicaciones propagandísticas de la Sección Femenina, reflexiona sobre las siguientes preguntas:

- ¿Cuáles son los rasgos que caracterizaron el modelo de feminidad impulsado por el régimen franquista? ¿Cuáles eran las principales funciones reservadas para las mujeres? ¿En qué tipo de sujeto busca convertir a la mujer?
- ¿Cómo crees que pudo contribuir este modelo de feminidad al sostenimiento del régimen?

Centrémonos ahora en el caso vasco y en los mecanismos de control eclesiástico. Para acomodar la diócesis vitoriana al nuevo orden político dominante se recurrió al hasta entonces obispo auxiliar de Valencia, el vizcaíno Francisco Javier Laucirica Torralba, del que Franco dijo: "Ya tengo Obispo para Vitoria. Es un hombre que hablará de Dios hablando de España". Posteriormente, Laucirica declaró que

> El nacionalismo (vasco), al apartarse de la Iglesia y de Dios y unirse en criminal abrazo con los enemigos de España y de la Religión, era el causante de todos los males que ha tenido que padecer no solamente el País Vasco sino la verdadera España a la que tanta sangre y sacrificios costó liberarlo (cfr. Eusko Ikaskuntza, 1937).

E instó a los vascos a sumarse a la obra de "hacer una España imperial". En su carta pastoral de entrada en la diócesis invitó a todos los fieles a incorporarse al Movimiento Nacional cuyo jefe era Franco y dijo expresamente que España era la única patria de los vascos.

Posteriormente, en noviembre de 1949, una bula pontificia desgajó de la macrodiócesis vitoriana a Bizkaia y a Gipuzkoa. Detrás de esa decisión, adoptada tras una serie de arduas negociaciones entre el régimen franquista y la Santa Sede, no hubo solo motivos pastorales, también políticos, dirigidos por el Gobierno de España a tratar de controlar de un modo más eficaz a la Iglesia vasca, dividida en tres circunscripciones, en teoría, mucho más manejables. Tras aquella reorganización, la diócesis vizcaína recibió al madrileño Casimiro Morcillo, procurador, consejero de Estado y presidente de la Conferencia Episcopal española, todo un peso pesado; la donostiarra, al catalán Font Andreu y la de Vitoria, al aragonés José María Bueno Monreal, lo que fue visto con desconfianza por un amplio sector del clero vasco.

Pero la Iglesia vasca no era solo su jerarquía. Como ha señalado acertadamente la historiadora Anabella Barroso, el vasco fue un clero dividido ente "vencedores y vencidos" tras la guerra. Un sector del mundo católico, más sensible a la cuestión nacional y a los problemas sociales, se manifestó tempranamente (1944) contra lo que consideraba abusos del régimen a través de una carta dirigida al Vaticano (Barroso, 2001). Este primer movimiento de protesta fue rápidamente sofocado, pero sirvió para poner en alerta al franquismo sobre el espíritu que latía con fuerza en un sector del clero vasco. En realidad, la fricción entre un sector del clero vasco y el régimen se produjo, sobre todo, por la demanda del primero de espacios de autonomía y una cierta libertad de movimiento y acción. La importante presencia de la Iglesia vasca en la realidad social de este territorio, con organizaciones tan potentes como la Hermandad Obrera de Acción Católica (HOAC) en el mundo laboral o los scouts en el juvenil hizo que ese encontronazo se produjera desde muy temprano y tuviera una repercusión mayor que en otros lugares de España. El factor nacionalista fue importante, sin duda, pero, sobre todo, lo que resultó determinante fue que tanto los curas como los consiliarios estaban "a pie de obra", cerca de los problemas de la sociedad vasca y de sus clases populares, y tenían muchos seguidores, lo que llevó inevitablemente a chocar con el régimen franquista y con la jerarquía eclesiástica. La trascendencia de estas fricciones debe ubicarse en el contexto de un cambio doctrinal y generacional en el seno de los movimientos apostólicos que pasaron de ser fieles escuderos de Franco para fortalecer la religiosidad de las masas a convertirse en uno de sus principales talones de Aquiles con sus reclamaciones de libertad, democracia y justicia social.

En 1960, el mismo año en que falleció el *lehendakari* Aguirre en el exilio y tan solo unos meses después de que un grupo de estudiantes impulsase el nacimiento de ETA, 339 curas vascos firmaron un manifiesto a favor de las libertades y derechos fundamentales del pueblo español y del pueblo vasco. El documento, censurado en la prensa española y difundido por la prensa extranjera, hizo saltar las alarmas del Gobierno, que lo interpretó como un intento de contradecir la propaganda oficial de los logros del régimen en un momento en que España había conseguido la aceptación internacional e iniciaba el despegue económico. A su vez, los obispos de Bilbao, San Sebastián y Vitoria denunciaron las supuestas falsedades de la carta y su carácter político. Si bien el Gobierno procedió con cautela para no comprometer más su imagen, las autoridades eclesiásticas emplearon una variedad de sanciones y medidas de represión que aplicaron de forma paulatina y sin que trascendiesen a la opinión pública como traslados, prohibición de la celebración de reuniones entre presbíteros sin la presencia del obispo o de un delegado suyo o la censura de las publicaciones y boletines de las diócesis vascas para evitar el tratamiento en ellos de temas extraeclesiales. No obstante, las autoridades eclesiásticas se sintieron cada vez más cuestionadas por homilías y escritos clandestinos que ponían en entredicho su legitimidad (Barroso, 2001: 89-91).

Carta de los 339 curas vascos (1960)

Desde hace ya bastante tiempo no ha visto la luz ningún documento firmado por un grupo de sacerdotes vascos. El silencio podría ser mal interpretado, y, quizá atribuido a una ausencia de conciencia responsable ante hechos y acontecimientos que imperiosamente reclaman una actitud franca y abierta de parte de quienes sentimos el deber de proclamar los postulados de la verdad, de la justicia, de la libertad y de la dignidad del hombre. No queremos que nuestro silencio sea causa de que se nos acuse de complicidad. [...]

De [la] dignidad inviolable de la persona humana surgen todos los derechos naturales así de los hombres como de los pueblos. Tales son el derecho a la vida, el derecho a formar un hogar, el derecho al trabajo, a la emigración. Tal es el derecho a la libertad de conciencia, a la libertad de prensa, de libre asociación, etc. La libertad es uno de los derechos más sacrosantos e inviolables que el Estado debe reconocer y respetar. En el concepto cristiano íntegro de la libertad entra necesariamente, y lo proclamamos públicamente, la inviolabilidad de la conciencia. Afirmamos que no es legítimo manejar conciencias humanas, ya sea penetrando por la violencia en sus secretos, ya sea cargándolas con vivencias extrañas por métodos divorciados de todo procedimiento racional; no es legítimo torturar, ni drogar, ni lavar cerebros, ni someter a la opinión pública a la presión de una super-propaganda, fundada en técnicas psicológicas desconocedoras del respeto a la dignidad transcendente de la persona. [...]

Al defender la libertad como derecho sacrosanto de todo hombre, defendemos también el derecho a la libertad y a la autodeterminación de todo pueblo, de todo grupo étnico, de toda personalidad física o moral, dentro de los cauces establecidos por la ley natural y el derecho positivo-divino. [...]

Creemos sinceramente que ni los individuos, ni las clases, ni los pueblos que integran la comunidad política española gozan de suficiente libertad. Basta abrir los ojos para ver lo que es una triste realidad. Continuamente vemos que han sido detenidas personas por sus actividades temporales, no coincidentes con el pensamiento político a dirección única, impuesto por el Estado. Se detiene por manifestar pública e incluso privadamente opiniones políticas contrarias a las del Gobierno en materia de suyo opinable. Y al faltar los medios normales de expresión de la verdad, se convierte en delito lo que de suyo no es más que el ejercicio de un derecho. [...]

Y en España el Estado "es totalitario al servicio de la integridad de la Patria". La Patria es la "suprema realidad", es la encarnación del Estado y de la voluntad nacional. Copiando de la Religión el dogmatismo, establece la infalibilidad para el Jefe, con todas las consecuencias que de ello provienen.

La prensa española, […], es instrumento de deformación de la opinión pública. […] no permite la emisión de juicios serenos sobre la actuación de las fuerzas políticas, económicas o sociales del País, ni actuar contra las propagandas unilaterales, ni la formación de ideologías compatibles con la ley natural y divina. Reduce arbitrariamente el derecho de expresar la opinión. […]. En lugar de formarla y difundirla, ahogan a sangre fría toda espontaneidad de la opinión pública y la reducen a un conformismo ciego y dócil de ideas y juicios.

No podemos dejar de hablar de un modo más particular de nuestro Pueblo, el Pueblo Vasco al que pertenecemos y en el que ejercemos nuestro apostolado. Los sacerdotes vascos amamos a nuestro pueblo con el mismo derecho, con la misma obligación de piedad natural y cristiana con que el sacerdote castellano ama a Castilla y los Obispos de Uganda a la familia humana de la que Dios quiso que formaran parte. […]

Así ahora denunciamos, ante los españoles y ante el mundo entero, la política, que hoy impera en España, de preterición, de olvido, cuando no de encarnizada persecución, de las características étnicas, lingüísticas y sociales que nos dio Dios a los vascos. Y ello sin provecho de nadie y con evidente perjuicio de nuestros más altos intereses: los espirituales. Si las piedras de un monumento nacional se cuidan por la belleza de su arquitectura y el reflejo que conservan del alma de la época que las labró, EL EUZKERA, INSTRUMENTO NECESARIO PARA LA EVANGELIZACIÓN Y CULTURA DEL PUEBLO VASCO, tiene derecho ante la Iglesia y ante la civilización, un derecho a la vida y a ser cultivado, cuyo desconocimiento denunciaría en la Iglesia un absurdo y una descarada contradicción, y en la sociedad una política reaccionaria y antihumana hasta el genocidio.

No es otra que la contradicción existente entre la doctrina católica sobre la persona humana y su incumplimiento por un régimen, que oficialmente se dice Católico y al que presta su apoyo decidido la Jerarquía Católica Española. […]

La realidad del Cristianismo está impregnada del sentimiento y del voto de la paz, Jesucristo es el "Príncipe de la Paz". Esta es nuestra aspiración mayor y nuestro mayor deseo: la pacificación de los espíritus. La pacificación de los espíritus por la verdad y la caridad. Nuestro pueblo lo necesita y lo desea.

ACTIVIDAD 3

La carta de los 339 sacerdotes vascos evidencia la postura de un sector del clero vasco y la fractura que este planteaba con la jerarquía de la Iglesia y con el régimen.

- Identifica las claves fundamentales de su planteamiento.
- ¿Cómo contrastan estas claves con las ideas que años antes manifestaba monseñor Laucirica en sus discursos? ¿Cuáles son los cambios fundamentales que se detectan?
- ¿Cómo se combinan en la carta de los 339 la denuncia de la falta de libertades y la defensa de los derechos civiles y políticos del pueblo vasco y del pueblo español? ¿Quién es presentado como víctima del régimen totalitario?
- ¿Qué postura se trasluce respecto a los modos legítimos de combatir la falta de libertades y de defender los derechos del pueblo y, en particular, respecto al uso de la violencia?

En contraste y salvo algunas excepciones, la jerarquía de la Iglesia vasca se mantuvo fiel a los postulados del nacionalcatolicismo, al menos hasta el tramo final de la dictadura. Los obispos de los años sesenta no manifestaron posiciones críticas frente al régimen, todo lo contrario. Así lo ilustran las figuras de Francisco Peralta, que fue obispo de Vitoria entre 1955 y 1979, Pablo Gúrpide, que estuvo al frente de la diócesis de Bilbao entre 1956 y 1968, y Font y Andreu y Alonso Bereciartúa, que hicieron lo propio con la de San Sebastián entre 1963 y 1968.

A pesar de ello, la sociedad, y no solo la española, estaba cambiando. Los efectos del Concilio Vaticano II (1962-1965) y el vertiginoso proceso de secularización que se produjo en España, y especialmente en el País Vasco, a lo largo de la década de los años sesenta, tuvo unos efectos demoledores. En el plano doctrinal, el Concilio, con su llamada al *aggiornamento* —a la adaptación a los signos de los tiempos—, pretendía reconciliar a la Iglesia universal con la sociedad y la cultura modernas. A tal fin, adoptó los principios ilustrados de libertad, pluralismo, tolerancia y democracia.

Su traducción teológica y eclesiológica consistió en reemplazar la perspectiva de la reconquista, propia del nacionalcatolicismo, por la de misión; ello implicaba la renuncia a la Iglesia triunfante o de poder en favor de una opción preferencial por los pobres (Sáez de la Fuente, 2001: 279).

Aunque las provincias vascas y Navarra habían sido uno de los más importantes semilleros de vocaciones religiosas para la Iglesia española en las décadas anteriores, el número de seminaristas comenzó a desplomarse. El seminario de Derio, inaugurado en octubre de 1960 para albergar a más de mil seminaristas, quedó prácticamente vacío en apenas una década. Una parte importante de los curas que se habían formado en los años anteriores dejó los hábitos y empezó una nueva vida. Otros, sin llegar a abandonarlos, se implicaron activamente en la oposición política al franquismo, en apoyo a los trabajadores involucrados en conflictos laborales, pero también dando cobertura al nacionalismo y un determinado sector a los planteamientos radicales y excluyentes de ETA.

Cuando en junio de 1968 la Guardia Civil abatió a tiros a Txabi Etxebarrieta, después de que este hubiera asesinado a José Antonio Pardines, miembro de este cuerpo, nació el primer "héroe-mártir" de ETA. Parafraseando y manipulando el mensaje evangélico, la propia organización dijo de él que "en el mismo sentido que Cristo, 'por sus obras le conoceréis [...] se hizo carne del pueblo y renunció a todo, voluntariamente, [...] renunció a su vida y la puso al servicio del pueblo'" (cfr. Sáez de la Fuente, 2002: 137). En los días siguientes se celebraron misas en varias localidades de la geografía vasca; algunos curas también compararon a Etxebarrieta con Jesucristo.

Dos meses más tarde, en agosto de 1968, la organización terrorista asesinó a sangre fría a Melitón Manzanas, cabeza visible de la represión franquista en Gipuzkoa. Fue el primer atentado etarra planificado como tal. En respuesta, el Gobierno decretó el estado de excepción, una medida que ya había aplicado años atrás para sofocar los importantes conflictos laborales que habían surgido en las provincias vascas. Como consecuencia de ello, la Policía practicó numerosas detenciones con el objetivo de localizar a los culpables. Un sector del clero vasco se movilizó contra aquella ola represiva en la que se produjeron numerosos casos de torturas, dando lugar a una serie de encierros y protestas que se extendieron hasta 1970.

Todas estas protestas, unidas a la deriva de un sector cada vez más amplio del clero vasco a favor de lo que se denominó en aquellos momentos "la causa del pueblo vasco", coadyuvaron a legitimar la actividad violenta de ETA. En palabras del antropólogo Juan Aranzadi, "la mística *abertzale* y la violencia habían sustituido a los impulsos mesiánicos y redentoristas que antes alentaran la intensa religiosidad de los vascos" (Aranzadi, 2000), un proceso que alcanzaría su máxima expresión unos meses más tarde, durante el Juicio de Burgos que sentó en el banquillo de los acusados a dieciséis jóvenes de ETA, entre ellos dos religiosos. Lo sucedido durante aquel mes de diciembre de 1970 lo cambió prácticamente todo en Euskadi. Para un sector cada vez más amplio de la sociedad vasca, los militantes de aquella organización eran los representantes de una nueva generación de antifranquistas que luchaban contra la opresión del régimen y estaban dispuestos a morir defendiendo las libertades del pueblo vasco.

Pero el enfrentamiento más duro entre la jerarquía de la Iglesia vasca y la dictadura se dio en los últimos años del franquismo, con un régimen ya moribundo, y lo protagonizó el obispo de Bilbao, monseñor Añoveros, autor de una homilía que fue leída el 24 de febrero de 1974 en todas las parroquias de Bizkaia, titulada: "El cristianismo, mensaje de salvación para los pueblos". En uno de los puntos del texto se decía lo siguiente: "El pueblo vasco, igual que otros pueblos del Estado español, tiene derecho a conservar su propia identidad, cultivando y desarrollando su patrimonio espiritual, dentro de una organización sociopolítica que pueda reconocer su justa libertad" (Añoveros, 1974). El presidente del Gobierno, Arias Navarro, que había llegado a su cargo después del asesinato de Carrero Blanco a manos de ETA tan solo dos meses antes, reaccionó rápidamente al entender que aquellas palabras atentaban contra la unidad de España y ordenó que tanto el obispo como su vicario, José Ángel Ubieta, fueran puestos bajo arresto domiciliario para ser expulsados del país. La negativa de Añoveros a cumplir aquella orden desató una de las crisis más importantes del régimen. Fue entonces cuando intervino el cardenal Tarancón, quien convocó el Comité Ejecutivo del Episcopado y preparó una nota donde se recordaba la pena de excomunión para aquellos que "directa o indirectamente impidiesen la jurisdicción eclesiástica de un obispo" (Louzao, 2023: 123-124). El pulso entre la jerarquía de la Iglesia española y el Estado estuvo a punto de provocar la ruptura de relaciones entre el régimen franquista y la Santa Sede. Sin embargo, la situación logró reconducirse en el último momento gracias a la intervención de Franco, temeroso de que aquella ruptura tuviera fatales consecuencias para el régimen en un momento especialmente delicado.

3. LOS EMPRESARIOS Y LA OLIGARQUÍA VASCA

La relación entre el mundo empresarial y el régimen franquista fue significativa, pero requiere matices. El empresariado vasco nunca fue un colectivo homogéneo, ni en las primeras fases de la industrialización del País Vasco ni durante el franquismo. No era lo mismo ni tenía los mismos intereses la oligarquía vizcaína de Neguri, un selecto grupo de la élite económica, política y social de esta provincia, que el pequeño empresario. Ni siquiera dentro del primero hubo una absoluta coincidencia entre sus componentes, donde se mezclaban apellidos ilustres, que participaban directamente en los consejos de administración en las empresas más importantes de España —incluidos las de las dos entidades financieras más influentes y con mayor peso del país, el Banco de Bilbao y el Banco de Vizcaya—, con otros menos conocidos o más discretos, tanto en sus negocios como en su presencia pública. Lo mismo podría decirse de los empresarios guipuzcoanos, muchos de ellos ligados a un sector tan específico como el de la máquina herramienta, muy alejados del perfil que identificaba a sus vecinos vizcaínos, pero no por ello menos cómodos con el nuevo régimen surgido tras la Guerra Civil.

La complejidad del asunto se hizo patente desde el mismo 18 de julio. Incluso dentro de una misma provincia hubo comportamientos diferentes. Mientras José María Urquijo e Ibarra, propietario de *La Gaceta del Norte*, Fernando María de Ybarra o Isidoro

Delclaux apoyaron a los sublevados, la familia Sota, vinculada al nacionalismo vasco, o Pedro Chalbaud, presidente de la Unión Española de Explosivos, permanecieron fieles a la República y, por ello, vieron incautados sus bienes y empresas. Hubo casos más llamativos, como el de Horacio Echevarrieta, colaborador de Azaña, que al término de la guerra recuperó sus propiedades, gracias, en gran medida, a sus estrechas relaciones con las autoridades alemanas, con quienes había hecho negocios durante los años veinte. Es decir, no hubo un comportamiento ni mucho menos una estrategia común planificada e impulsada por el conjunto de los empresarios. Sin embargo, la mayoría de ellos se identificaron con el régimen y lo apoyaron o, cuando menos, se acomodaron al mismo por los beneficios que les reportaba. Esto no dependió solamente de sus ideas o simpatías políticas, sino de otra serie de factores donde, por norma general, prevalecieron sus intereses económicos y las redes de relaciones que habían logrado tejer durante décadas, muchas de ellas fortalecidas gracias a la nueva situación que generó el régimen franquista durante sus primeros años.

La situación de la industria pesada vasca se vio favorecida por la polémica decisión que adoptó el PNV al impedir su destrucción cuanto todo parecía ya perdido para el Gobierno de Aguirre en junio de 1937. Los dirigentes *jeltzales* pensaron que, si volaban los Altos Hornos de Vizcaya y otras fábricas importantes, el País Vasco quedaría arruinado. Sin embargo, aquella medida ayudó a fortalecer a Franco en un momento crucial de la guerra, al contar con un tejido empresarial que sirvió en gran medida para la producción de armamento (Portilla y Garmendia, 1988). En muy poco tiempo, la producción de acero comenzó a recuperarse y, una vez "pacificado" el país, la industria vizcaína pudo volver a su producción habitual. De este modo, la industria vasca contaba con el apoyo político que necesitaba y el régimen con la industria imprescindible para sacar adelante el país.

A mediados de los años cincuenta era un secreto a voces que una parte del empresariado vasco, y no solo el representado por la élite más importante, se estaba viendo beneficiado de un modo u otro por el régimen, incluido aquel que se sentía más cercano al nacionalismo. Así lo reflejaba alguien tan cualificado como Javier de Landaburu, el principal representante del PNV y del Gobierno Vasco en Europa durante el exilio, en su obra *La causa del pueblo vasco* (1956). En ella, sus críticas más duras iban dirigidas no tanto a los grandes empresarios que podrían estar más identificados con el régimen como hacia aquellos cercanos al nacionalismo que vivían tranquilamente bajo una dictadura que mantenía el orden, evitando los conflictos laborales.

Javier de Landaburu, *La causa del pueblo vasco* (1956)

Pero debemos decir toda la verdad. Muchos de esos mismos patronos vascos que han sido o son patriotas en lo más hondo de su conciencia, han adquirido desde la Guerra Civil una segunda naturaleza con la que están en conflicto todos los días de estos años. Abominan del régimen franquista porque la naturaleza del sistema les ha obligado a cálculos, a esfuerzos, a dispendios y a inmoralidades que no conjugan con las normas tradicionales de la industria y del comercio, pero están congraciados con el régimen que ha favorecido la audacia estraperlista, la habilidad del más astuto, al mismo tiempo que, por ley penal, les evita las huelgas de los obreros [...]. Hoy, gracias al aprovechamiento de los propios vicios de la situación, han levantado la cabeza con indudable brillantez y no con desdeñable provecho. De entre sus propietarios y gerentes los hay que siguen siendo patriotas, pero tienen pocas ganas de que desaparezca la cómoda dictadura para que venga a Euzkadi un sistema vasco y democrático que devuelva la normalidad a la vida comercial e industrial. La normalidad para algunos es el salario bajo y la ganancia sin control, el fraude en la calidad y la complicidad con el funcionario rector del mercado oficial.

El drama de esos burgueses patriotas es que desean una Euzkadi en libertad, pero sin huelga, sin emociones, sin quebraderos de cabeza, con un orden social como el de ahora, que recuerde la paz de los cementerios con tal de que sean el competidor o el trabajador quienes tengan que hacer de difunto. De este círculo infernal, de ese conflicto de conciencia, los patronos vascos no pueden liberarse, pase lo que pase, más que a fuerza de coraje, de audacia progresiva y de justicia social. Si tienen miedo de que con un régimen de libertad los trabajadores redimidos de las miserias y las coacciones actuales tengan ideas de venganza, esos patronos deben tratar desde ahora a sus obreros de tal modo que estos adquieran la convicción profunda de que no trabajan para el enriquecimiento del amo —todavía se emplea esta ominosa palabra— sino por el beneficio de la comunidad; que tengan la noción propia de que la fábrica es un bien propio, común al patrono y al trabajador, con consecuencia en el bienestar de la comunidad social.

Fuente: Landaburu (1956).

ACTIVIDAD 4

- Ilustra con algunos ejemplos concretos que aparecen en el texto las claves fundamentales del cuestionamiento que Landaburu dirige a un sector del empresariado vasco, ideológicamente afín al nacionalismo, pero que, tras la consolidación del franquismo, se benefició de las ventajas que el régimen le reportaba para satisfacer sus intereses económicos.
- Las críticas de Landaburu, ¿de qué modo convergen con el planteamiento fundamental de este libro de que el régimen franquista se sostuvo en el País Vasco, más allá del miedo y la represión, mediante la construcción de diversas redes de apoyo social?

A finales de los años cincuenta y al amparo del Plan de Estabilización, el régimen de Franco adoptó un giro liberalizador que cambió la política económica. Este giro favoreció a los empresarios vascos o, para ser más exactos, a las empresas del País Vasco. Desde el final de la Guerra Civil, el régimen había promovido algunas medidas para recuperar la industria a través de diferentes iniciativas legislativas especiales. Las más conocidas fueron la Operación G, centrada en Gipuzkoa, que más tarde pasó a denominarse M.1, tras su extensión a las tres provincias. Las medidas diseñadas para relanzar las exportaciones, sobre todo del sector metalúrgico, facilitaron a los empresarios la obtención de divisas a más bajo precio que los ofertados por el mercado nacional para hacerse con tecnología extranjera, imprescindible en aquellos momentos (García, Velasco y Mendizabal, 1981: 108 y ss.). Más adelante, la operación M.5 se destinó a impulsar la siderurgia y la construcción naval. Bizkaia fue una de las provincias más beneficiadas, pero también Gipuzkoa, donde el sector de la máquina herramienta tuvo el apoyo decidido de las instituciones franquistas. En este caso, los empresarios de esa provincia se beneficiaron de las ayudas, tanto del Ministerio de Industria como del Instituto Nacional de Industria (dirigidos desde 1945 a 1962 por el militar vitoriano Joaquín Planell), así como de la política de sustitución de importaciones y permisos para *royalties* de importación-exportación. La nueva política económica también favoreció a la tercera provincia, Álava, que vivió un intenso y acelerado proceso de industrialización (González de Langarica, 2009: 21-77).

En este sentido, podría afirmarse que los empresarios vascos actuaron como el resto de empresarios españoles. Más que apoyo político entusiasta, mantuvieron una relación con el poder que benefició los intereses de ambos. Por encima de todo estaba el orden social que aseguraba la estabilidad y el desarrollo económico. Sin embargo, el régimen de Franco evitó deliberadamente incluir dentro del grupo más estrecho del poder político a destacados hombres de empresa. La mitad de los consejeros nacionales y 88 de los 111 ministros que formaron parte de los diferentes gobiernos (79%) eran funcionarios del Estado. Fueron muy pocas las figuras que compatibilizaron los negocios y la política. Uno de los más destacados fue precisamente un vasco, José María Oriol y Urquijo, alcalde de Bilbao, procurador, consejero nacional de Economía, presidente de Hidroeléctrica Española y consejero del Banco de Vitoria y del Español de Crédito, cargos que le permitieron impulsar en su provecho la reforma tributaria de 1956 (Cayón y Muñoz, 2000: 419-423).

Pero los buenos contactos del mundo empresarial vasco con el régimen franquista no se concretaron únicamente a través de estas élites, representadas en el "imperio de Neguri", que terminaron sentando las bases del sistema económico español a través del impulso de la siderurgia, los ferrocarriles, el sector hidroeléctrico o la banca. Hubo otro tipo de manifestaciones que también tuvieron su peso y que sirvieron para proyectar una imagen positiva, dinámica y emprendedora de los vascos. Una de las más importantes fue la experiencia cooperativa de Mondragón, impulsada por una personalidad tan singular y carismática como la del padre José María Arizmendiarreta (Molina, 2005). Formado en el seminario de Vitoria, y con un pasado nacionalista, este sacerdote vizcaíno supo como nadie aprovechar sus buenos contactos con el régimen franquista a través de la Asociación Nacional Católica de Propagandistas para poner en marcha uno de los proyectos empresariales más importantes, que con el tiempo terminaría convirtiéndose en una de las señas de identidad del propio nacionalismo, el grupo Mondragón Corporación Cooperativa (MCC). La iniciativa de Arizmendiarreta demostró lo que podría entenderse como la "pluralidad limitada" del régimen franquista, es decir, su flexibilidad para incorporar a ciertos sectores y sensibilidades que abogaban por la redención cristiana y humanista de los trabajadores siempre que no cuestionaran las bases fundamentales de la dictadura.

La nueva política económica mejoró la situación general del país, incluida la de los trabajadores, como veremos más adelante. Todo ello fue aprovechado por el régimen para proyectar una imagen moderna, mucho más acorde con los nuevos tiempos, que quedó reflejada en 1964 a través de la campaña que celebró en toda España bajo el eslogan los "XXV Años de Paz". El mensaje era claro: Franco era el gran artífice del milagro, quien había logrado sacar a la nación de la miseria y el enfrentamiento que había desembocado en la Guerra Civil y ahora lideraba el gran salto hacia la modernización de la sociedad.

Sin embargo, aquel eslogan solo retrataba una parte de lo que estaba sucediendo en el país, incluido lo que se estaba cociendo en las provincias vascas. Más allá de las celebraciones que aparecían en el NO-DO (noticiario propagandista del régimen que se proyectaba de forma obligatoria en el cine antes de la emisión de una película), había otra realidad. Dos años antes, en 1962, una importante huelga había paralizado la minería asturiana, llegando a propagarse hacia las zonas industriales del País Vasco. El conflicto afectó a miles de trabajadores y fue el inicio de un ciclo de conflictos laborales que terminaría definiendo a este territorio hasta el final del franquismo y extendiendo una creciente preocupación, no solo para la dictadura, sino entre un empresariado que veía con temor la ruptura de la "paz social" que había caracterizado las dos primeras décadas de la dictadura.

4. EL 'ACOMODAMIENTO' DE LA SOCIEDAD VASCA A LA DICTADURA

¿Y el resto de la sociedad vasca? ¿Cómo fue su comportamiento frente a la dictadura? Para tratar de aproximarnos a ello es imprescindible abordar una cuestión fundamental, la del consenso/acomodamiento social (Del Arco, Fuertes, Hernández y Marco, 2013). A partir de mediados de los cincuenta, una parte muy significativa de la sociedad vasca (y española) se acomodó al régimen por los beneficios económicos y sociales que les reportaba y que les permitió salir de la situación de emergencia de postguerra y adquirir patrones de bienestar y de consumo asimilables a los de las clases medias de muchos países de su entorno. Aún hoy en día, en muchas familias se utiliza la expresión "estómagos agradecidos" para evidenciar el sentido utilitario de esta lealtad; este fenómeno es lo que muchos expertos han denominado el *franquismo sociológico* (Justel, 1992: 69). Para comprender su alcance debemos analizar en primer lugar la importancia y el papel de los mecanismos de captación social que desplegó la dictadura desde los primeros años y cómo estos fueron cambiando a lo largo del tiempo o adaptándose en cada época, pero también la evolución de las condiciones de vida y la propia situación socioeconómica del País Vasco.

La política social y, más concretamente, la asistencial, fue uno de los terrenos en los que el franquismo trató de rentabilizar hábilmente las iniciativas que puso en marcha, sobre todo durante los primeros años. A esta época corresponde el impulso de medidas destinadas a la reconstrucción de los pueblos más afectados por las consecuencias de la Guerra Civil, como la impulsada por la Dirección General de Regiones Devastadas y Reparaciones, aunque en el País Vasco estas tan solo afectaron a unas pocas localidades: Gernika, Elgeta y Eibar. Sin embargo, la miseria y el miedo de la postguerra, en una época dominada por el hambre, el racionamiento y el estraperlo (mercado ilegal de bienes), limitaron el alcance de cualquier iniciativa dirigida a buscar un cierto apoyo y legitimidad dentro de una sociedad preocupada básicamente por sobrevivir. Fue ahí donde entraron en juego algunos de los mecanismos de propaganda más importantes del régimen, como Auxilio Social, un servicio que contó con la participación activa de las mujeres hasta su integración en la Sección Femenina del Movimiento Nacional, dedicado a la asistencia a los necesitados y a difundir el modelo educativo franquista (Cenarro, 2014: 43-59; Molinero, 1998: 97-117).

En cualquier caso, el lema repetido machaconamente por Franco desde la Guerra Civil (Barciela, 2023), "ni un hogar sin lumbre, ni una familia sin pan", tardaría en hacerse realidad. También en el País Vasco, como describen algunas testigos de aquella época.

Testimonio de María Izaguirre (Sestao, 1922)

"Nos daban un cuarterón al mes de aceite, y repartíamos el pan nosotras, pero contadito también, era un churrasco así, negro. [...] Sí, por las casas, con tarjeta, a picar la tarjeta o numerarla. Nos daban una pequeña cantidad de garbanzos. Había mucha miseria y mucha hambre [...] para poder hacer fuego, iba yo a Altos Hornos con un balde de cinc a coger galipó, alquitrán, y luego hacía un popurrí con la tierra, y con aquellos hacíamos el fuego. [...] Y mi hermana [...] iba a Zorroza y allí le daban sebo, no sé de dónde, de algún matadero, y con aquello se hacía el jabón".

Testimonio de Emma Santín (Astrabudua, 1928)

"Nosotros no llegamos a pasar hambre, hambre, porque mi *ama* [madre] se lanzó enseguida [al estraperlo] a las carreteras... 'Mis hijos no pasarán hambre'".

Testimonio de Juli Gorosabel (Bilbao, 1933)

"¡En todas las buhardillas y en todos los pisos ibas a comprar! […]) La madre de unas amigas mías se dedicaba a eso. Iban en el tren de la Robla –¡trabajaban!...– para la parte de León y por ahí, y traían sacos de harina. Lo que daba el campo por allí. Lo traían a sus casas y vendían. A escondidas. Y más caro […] Y como no había, el que tenía un durillo o lo que sea, pues para comer, que era la primera necesidad".

Testimonio de Encarnación Santamaría (Sestao, 1932)

"Solíamos ir mi hermana y yo a comer al Auxilio Social. Y había una canalla, una maestra que la tengo en el alma. Bueno, ya murió. Pero decía que a mi hermana no la darían comida porque se parecía mucho a mi padre. 'A su padre, que era rojo'".

Fuente: Fragmentos de testimonios orales del Proyecto Herri Memoria, de Elkasko, Asociación Vizcaína de Investigación Histórica, disponible en https://herrimemoria.render.es/web/home/.

Fue precisamente en este terreno, el asistencial, abonado por la necesidad más extrema de los primeros años de la postguerra, donde el nacionalsindicalismo, tras renunciar a los sueños pseudo-revolucionarios del primer falangismo y al control sobre el mundo del trabajo, logró al menos promover una serie de iniciativas que terminarían materializándose en acciones concretas. Algunas de las más destacables fueron canalizadas a través de la Organización Sindical Española (OSE), conocida popularmente como el Sindicato Vertical, uno de los mecanismos inspirados en el fascismo italiano, creado para el control y el encuadramiento de los trabajadores que incluía también a los empresarios dentro de su propio organigrama, como reflejo del *armonicismo social* que pretendía acabar con la lucha de clases. El papel más destacado de la OSE en este terreno fue el que desarrolló a través de las denominadas Obras Sindicales, una serie de servicios de carácter asistencial destinados a cubrir algunos de los ámbitos y necesidades de los trabajadores y de sus familias, desde la atención sanitaria o el tiempo libre hasta el problema de la vivienda.

En cualquier caso, el régimen fue consciente del terreno que pisaba desde el primer momento y cuáles eran los ámbitos en los que su acción parecía más necesaria. Sabía qué territorios y, sobre todo, qué sectores sociales podían ser más complicados; por ejemplo, el de los trabajadores, donde la izquierda había tenido un apoyo determinante durante la República y la Guerra Civil. También en el País Vasco. Para ello, el franquismo puso al frente del Ministerio de Trabajo en mayo de 1941 a un hombre como José Antonio Girón de Velasco, un veterano falangista de retórica encendida, con el objetivo de tratar de persuadir a los trabajadores de la sinceridad del compromiso social del nuevo régimen (Molinero, 2005: 88-89). Unos meses después de su nombramiento, viajó a Bilbao para reunirse con los obreros de la fábrica de Echevarría, a quienes dirigió un vibrante discurso en el que marcó algunas de las líneas maestras para intentar atraer, si no a las masas de "productores", de quienes seguía desconfiando, sí al menos a algunos de sus líderes, con la esperanza de que estos pudieran acabar influyendo en sus compañeros.

Discurso de José Antonio Girón en la fábrica de Echevarría (1942)

"[...] No nos importa reconocer que no estamos hablando a una multitud; por eso nuestras primeras palabras para decir que no queremos que nadie nos mienta ni siquiera con el gesto, que ninguno disfrace su convicción con asentimientos corteses, porque estamos hablando entre hombres [...] es, obreros de Vizcaya, en estas circunstancias, después de lo que pasó, cuando hemos venido a hablar con vosotros.

[...] no nos interesa la masa porque sabemos que cuatro hombres resueltos bastan para derrotar a una muchedumbre; pero necesitamos descubrir entre vosotros las individualidades de excepción capaces de romper las cadenas de los prejuicios marxistas y pensar serenamente por sí mismo en la hora actual de la Patria. Nos interesa el verdadero rebelde, capaz de tener una fe y batirse por ella.

[...] es nuestro deber despertar a los que tienen los ojos todavía dormidos en la amargura estéril de la derrota para que se den cuenta de una vez de la trascendencia del instante y tenga la conciencia del suicidio a que les conduce su pasividad. En la batalla por la Revolución roja y negra podéis colocaros al margen, enfrente o a nuestro lado, pero lo que no podréis hacer es escapar a las consecuencias [...] por eso hemos venido aquí a haceros meditar. Vuestra rebeldía puede hacerse justicia en nuestras manos y ser fuerza viva para la Patria bajo vuestras banderas".

Fuente: Girón (1943), cit. en Molinero (2005: 89).

Fue, sobre todo, la OSE quien se encargó de tratar de ampliar la base social del régimen en un ámbito donde la necesidad era más acuciante. Con la colaboración del Instituto Nacional de la Vivienda, la Obra Sindical del Hogar puso en marcha algunos de los proyectos más ambiciosos, como, por ejemplo, la construcción de pisos de protección oficial. El más importante fue el que terminó levantándose en Bilbao, concretamente en el barrio de San Ignacio. Fue inaugurado por Franco (junio de 1950), quien personalmente hizo entrega de las llaves de las casas a los nuevos propietarios que habían resultado agraciados con una vivienda. La mayor parte de ellas, las más modestas, estuvieron destinadas a los trabajadores. Otras, sin embargo, más amplias y con una calidad superior, se reservaron para empleados de banca y comercio, funcionarios y técnicos cualificados, algunos de ellos estrechamente vinculados con el régimen (Santas, 2007: 281-288). La concesión de este tipo de viviendas, como otros servicios en la dictadura, siempre estuvo rodeada de sospechas que apuntaron a un cierto clientelismo político.

El régimen tuvo que adaptar su discurso paternalista a los nuevos tiempos que se fueron abriendo para España a partir de mediados de los años cincuenta, cuando abandonó la política autárquica y aislacionista que amenazaba con llevar la economía a un auténtico colapso, para volcarse de lleno en la modernización del país. Las palabras pronunciadas en 1956 por el falangista bilbaíno José Luis Arrese, secretario general del Movimiento y ministro de la Vivienda, no podían ser más gráficas ni el mensaje que pretendía lanzar con ello más intencionado: "Aspiramos a una España de propietarios, no de proletarios" (Girón, *ABC*, 2 de agosto de 1959).

No se trataba únicamente de dar viviendas dignas a los trabajadores, sino, sobre todo, de enterrar los viejos discursos de la izquierda a través de una política que favoreciese la creación de una cierta clase media formada por trabajadores que después de muchos esfuerzos comenzaban a salir de la miseria accediendo a una sociedad de consumo. Todo ello, impulsado desde el Ministerio de la Vivienda, que concibió su labor bajo la dirección de Arrese como una verdadera misión, animada por los viejos ideales de cuño falangista y por el cristianismo paternalista, fundamentales en un régimen que, a pesar de haber mudado de piel, seguía manteniendo la defensa de la religión, la familia, el hogar y la patria como valores fundamentales y pilares del régimen franquista.

José Luis Arrese (1959)

"El ministerio tiene en sus manos el más eficaz de los resortes: la legislación protectora, y la ha de emplear para que todas las casas que se construyan con ayuda estatal se levanten orientadas hacia el más rápido y eficaz sistema de acceso a la propiedad.

No queremos, y lo consideramos un mal, aunque a veces sea un mal necesario, que la construcción derive de un modo colectivo hacia el arrendamiento, ni siquiera hacia el acceso a la propiedad, cuando los plazos son tan lejanos que destruyan el aliciente [...] la fórmula ideal, la cristiana, la revolucionaria desde el punto de vista de nuestra propia revolución, es la fórmula estable y armoniosa de la propiedad, donde se hace posible esa meta tan lógica y humana, pero hasta ahora reservada casi de un modo exclusivo al privilegio del dinero, de alcanzar que la vivienda sea del que la vive.

Nuestro esfuerzo, el esfuerzo total del Ministerio, irá encaminado en adelante, y digámoslo en voz alta y con la mirada firme, porque creemos que en ello está el servicio a la causa común de lograr la armonía de todos en la paz de un hogar fijo y estable [...].

No queremos que se salga con la suya la doctrina que llamó proletaria a la masa, porque sostuvo que el hombre en la sociedad cristiana solo una cosa es capaz de tener sin dinero: la prole; no queremos que la propiedad de las cosas más íntimamente ligadas al hombre quede al margen de su propia existencia, no queremos una España de proletarios, queremos una España de propietarios. Y entre todos los esfuerzos que puede y debe realizar una doctrina social como la nuestra, nacida para levantar al hombre hasta la dignidad física y metafísica para la cual ha sido creado, ninguna más exigente ni más hermosa como ésta de hacer que todos los españoles se sientan propietarios del hogar que ocupan; de este hogar que no es sólo las cuatro paredes que lo forman, sino hasta la pequeña historia que se esconde en cada rincón y hasta el aire que lo llena de recuerdos. Solo así podremos decir que hemos dado una versión distinta de la vida, y, en definitiva, solo así podremos decir con voz de bandera que se alce a los vientos, que hemos venido a torcer el rumbo que nos empujaba al abismo comunista [...]".

Fuente: Discurso de José Luis Arrese en el homenaje que le tributaron los agentes de la propiedad inmobiliaria, 2 de mayo de 1959.

Sin embargo, para que esta política terminase materializándose en hechos concretos, hubo que superar algunos importantes problemas. Los más evidentes se hicieron visibles con toda su crudeza precisamente en el ámbito donde el franquismo había tratado de encontrar una cierta legitimidad, buscando mejorar las condiciones de vida de los "productores". La llegada de miles de familias a las provincias vascas en busca de nuevas oportunidades a finales de los años cincuenta y principios de los sesenta provocó un verdadero terremoto social, sobre todo en Bizkaia, debido a los problemas de disponibilidad de suelo edificable y a la magnitud del movimiento migratorio que se asentó en la zona industrial.

La falta de previsión de las autoridades quedó en evidencia en el Gran Bilbao con la proliferación de cientos de chabolas que arruinaban la imagen idílica que trataba de difundir la propaganda del régimen franquista. En el País Vasco "había trabajo para todos", pero no viviendas para acoger a aquella masa de inmigrantes recién llegados del campo español. Con el fin de atajar ese problema se pusieron en marcha nuevas operaciones, como el Plan de Urgencia Social Vizcaya (1959), que dio lugar a la construcción del barrio bilbaíno de Otxarkoaga, uno de los proyectos más ambiciosos en materia de vivienda social de la época del desarrollismo. El régimen desplegó una de las operaciones propagandísticas más importantes de la época para difundir la nueva imagen amable, paternalista y eficaz de los años sesenta. En la noticia, recogida por el NO-DO con el fin de informar sobre la visita de Franco a Bilbao, se destacaba el "constante y cálido homenaje de adhesión al Generalísimo en el que participan todas las clases sociales" y "las muestras de júbilo al Jefe del Estado de gentes que habían sido redimidas del chabolismo"[2].

Buena parte de la sociedad española, especialmente de la más desfavorecida, que había vivido de alquiler, comenzó a acceder a viviendas en propiedad. Y no solo eso, los pisos que adquirieron se llenaron de electrodomésticos, de neveras y lavadoras, pero también de televisiones que anunciaban cada día cómo, gracias a las ventas a plazos, podían acceder a ese mundo hasta entonces desconocido. Incluso las familias obreras comenzaron a comprar los primeros Seiscientos que habían empezado a producirse en cadena a mediados de los años cincuenta en la fábrica de Seat en Barcelona. Los cambios fueron evidentes en todo el país, sobre todo en las ciudades y los centros industriales, especialmente en el País Vasco, donde el nivel de vida y de renta per cápita eran superiores a la media española. El dinero comenzó a circular en los barrios obreros como no lo había hecho nunca hasta ese momento. Al calor de aquella ola de consumismo se abrieron bares, restaurantes y tiendas de todo tipo. Hasta se "rebautizaron" popularmente los nombres de algunas calles, como ocurrió con la "calle de la Pela" en Sestao o la "calle del Dólar" en Santurtzi, en honor al enorme gasto que comenzó a registrarse en los años sesenta. El incremento de los salarios y prácticas tan habituales como la de las horas extraordinarias facilitaron el acceso a todas aquellas nuevas comodidades que comenzaban a disfrutarse en muchos hogares.

2. Recomendamos el visionado del vídeo en https://lc.cx/cvKEWU.

TABLA 2

EVOLUCIÓN DEL EQUIPAMIENTO Y CONDICIONES DE LAS VIVIENDAS EN BIZKAIA (EN %)

	1968	1975
Agua caliente	58	83
Cuarto de baño	31	75
Electricidad*	6	20
Gas*	58	70
Carbón*	32	9
Leña y otros*	4	1
Frigorífico	45	87
Lavadora	74	88
Radio/transistor	86	86
Televisor	51	92
Tocadiscos	16	25
Automóvil	16	32
Teléfono	32	52

* Los combustibles recogidos en la estadística se refieren a los distintos tipos de energía utilizados en las cocinas.
Fuente: Elaboración propia a partir del INE, Estadísticas de equipamientos, condiciones y presupuestos familiares 1968 y 1975.

ACTIVIDAD 5

- Pregunta a personas de tu entorno que vivieron en los años sesenta si recuerdan cómo se vivió en su familia este acceso a la cultura del consumo. ¿Cómo adquirieron su primera vivienda? ¿Cuándo compraron lavadora, coche, televisión, etc.? ¿Coinciden sus experiencias con lo que se describe en este texto?
- Indaga también si en esos años o más tarde era habitual en sus entornos el uso de expresiones como "con Franco se vivía mejor", "en ningún sitio se vive como en España", "ahora se vive muy bien, tú no sabes lo que fue la postguerra", "Franco sentó las bases del sistema de bienestar social español", etc. ¿Había otras expresiones que pudieran ilustrar ese "acomodamiento" de la sociedad al franquismo?

Hacia 1960, el franquismo tenía en el País Vasco y Navarra un grado de aceptación social nada desdeñable. Y ello se debió, en gran medida, a la bonanza que trajo la nueva política económica, pero también a iniciativas como las anteriormente citadas, que lograron los objetivos que se buscaba con ellas: cubrir una serie de necesidades y conseguir un cierto reconocimiento entre amplias capas sociales que, por fin, parecían salir de la pobreza de la larga postguerra.

Para entonces, la sociedad vasca, como el resto de la sociedad española, estaba altamente desmovilizada. Era el resultado de un hábil giro en la política económica impulsada por el régimen, satisfecho de los logros obtenidos después de más de dos décadas de control casi absoluto. El cambio emprendido a finales de los años cincuenta, materializado en la puesta en marcha del Plan de Estabilización, lo transformó todo. Este plan sentó las bases del "milagro económico español" de la década de los sesenta, fundamentado en la intensificación del desarrollo industrial, la apertura del mercado nacional al exterior y el acceso de la sociedad al consumo de masas, un milagro que también se vio favorecido por la migración de más de dos millones de personas que abandonaron España y buscaron en la Europa más desarrollada el futuro que aquí se les negaba. La salida de este contingente tan importante de población facilitó la entrada de divisas, alivió la presión del mercado de trabajo y contribuyó a dibujar un nuevo escenario cada vez más alejado de la miseria que había definido las dos primeras décadas del régimen franquista.

Pero aquella coyuntura tan prometedora, tanto para la sociedad como para el propio régimen, cambió muy pronto con el inicio de un ciclo de huelgas que sacudió las zonas industriales del País Vasco desde mediados de los sesenta hasta el final de la dictadura. Hasta entonces se habían producido algunas protestas, importantes, pero puntuales, pero la actividad de la oposición clandestina, más allá de las simbólicas huelgas generales convocadas en 1947 y 1951 por las organizaciones sindicales y el Gobierno Vasco en el exilio, apenas había conseguido inquietar al régimen. Los partidos y sindicatos históricos de clase más importantes (PNV, PSOE, PCE, ELA-STV, UGT y CNT) tenían la dirección en Francia y en el interior del País Vasco tenían enormes problemas para desarrollar una actividad mínimamente organizada.

Sin embargo, en la década siguiente, la de los años sesenta, la situación cambió de forma radical. La sociedad vasca, especialmente la clase obrera, aspiraba a mejorar aún más sus condiciones de vida. La aparición de un nuevo movimiento obrero, liderado por las Comisiones Obreras, donde participaron militantes comunistas junto a miembros de organizaciones católicas ligadas a la acción social, como la HOAC y la Juventud Obrera Católica (JOC), contribuyó decisivamente a extender los conflictos laborales en el País Vasco.

La legitimidad del franquismo comenzó a quebrarse en el País Vasco a lo largo de aquella misma década. Hasta entonces, se convivía con el régimen. Salvo los escasos militantes de las organizaciones clandestinas que trataban de reconstruir la oposición política con muchos esfuerzos, el resto de la sociedad, la gran mayoría, era un tanto ajena a la política, tanto a la que pretendían reivindicar estos grupos de la oposición como la que trataba de sancionar el régimen. En esta segunda fase, la dictadura trató de cambiar su modelo de legitimidad estableciendo un conjunto de normativas y procedimientos que el régimen denominaba "democracia orgánica" y que incluía la celebración de elecciones para los miembros de las Cortes (procuradores) y de plebiscitos y referéndums para la ratificación de determinadas leyes. Sin embargo, la ausencia de pluralismo político y de cualquier tipo de libertad de expresión, de asociación y de participación política hacían de esta "democracia" poco más que una fachada; en aquella época se decía que se había pasado de una "dictadura" a una "dictablanda".

Los resultados de las consultas de las urnas en una dictadura como era la franquista son muy cuestionables, incluidos los datos de participación, pero estos dejaban claro el desinterés o la desafección de la sociedad vasca, que presentaban diferencias muy sensibles frente al comportamiento del resto de España. La abstención en el referéndum que se celebró en diciembre de 1966 para ratificar la Ley Orgánica del Estado (uno de sus textos fundamentales) fue especialmente elevada en las provincias vascas, en concreto, la más alta del país. En Gipuzkoa alcanzó el 24,2% y en Bizkaia un 21,3%, cuando la media nacional fue del 10,8%. En las elecciones a procuradores a Cortes que celebró el régimen un año más tarde, en noviembre de 1967, la participación no llegó al 40% (Fusi, 2017: 42).

5. EL FINAL DE LA DICTADURA EN EL PAÍS VASCO Y LA PERSECUCIÓN DE LOS FRANQUISTAS

Aunque la mayor parte de la sociedad vasca no participó de las protestas que comenzaron a extenderse en el tramo final de la dictadura en el País Vasco, la situación había comenzado a cambiar. La reaparición de la conflictividad laboral, cada vez más importante, situó a Bizkaia y a Gipuzkoa como dos de las provincias con mayor número de huelgas y trabajadores afectados de todo el país, a las que luego se uniría Álava, justo a finales de 1975 y principios de 1976. Pero fue, sobre todo, la irrupción de ETA, como ya se ha comentado, la que cambió la situación. La aparición de la violencia terrorista fue un verdadero terremoto y sus consecuencias se extenderían durante décadas después de la muerte de Franco. Los discursos de la organización, cada vez más radicales y agresivos, pasaron de la literatura de combate a los hechos concretos y de los ataques contra elementos simbólicos que representaban el franquismo a los atentados mortales (Molina, 2013: 76-79).

El primer sabotaje con una cierta entidad se llevó a cabo en una fecha tan simbólica como el 18 de julio de 1961 y fue dirigido contra la línea férrea que unía Bilbao y San Sebastián por la que debía circular un tren donde viajaba un nutrido grupo de excombatientes carlistas, que se trasladaban a la capital guipuzcoana para celebrar el XXV aniversario del "Alzamiento Nacional". El ataque, que no produjo ningún daño importante, pretendía borrar de la memoria la mancha vergonzosa que deslucía la narrativa épica e inmaculada sobre la Guerra Civil, donde no tenían cabida los franquistas vascos. Este capítulo daría paso a toda una serie de ataques contra lápidas e inscripciones a favor del régimen que terminaría desembocando en otros dirigidos ya directamente contra los alcaldes de Oñate, Lazkao y Ondarroa. El asesinato que abrió la veda fue el de Carlos Arguimberri (7 de julio de 1975), un conductor de autobús y exconcejal del Ayuntamiento de Deba, acusado por ETA de ser confidente de la Policía y activo colaborador del franquismo.

Pero el salto cualitativo se produjo unas semanas después de los fusilamientos de Txiki y Otaegi del 27 de septiembre de 1975, cuando ETA difundió un comunicado donde anunciaba "una ofensiva contra todos los alcaldes, diputados a Cortes y demás responsables y administrativos que ejerciesen sus funciones en el País Vasco" a los que acusó directamente de "ser cómplices conscientes y directos del Gobierno Español" (Pérez, 2021: 239). La organización terrorista les concedió un plazo de dos meses para presentar su dimisión. Pero antes de que este concluyera, mató al alcalde de Oiartzun, José Antonio Echevarría Albisu. Sucedió el 24 de noviembre de 1975, tan solo cuatro días después de la muerte de Franco. Con ello, ETA también dejó claro que seguiría asesinando, aunque hubiera desaparecido el dictador.

El de Albisu fue el primero de toda una serie de atentados que acabarían costando la vida a los alcaldes de Galdakao (Víctor Legorburu), Etxarri Aranatz (Jesús Ulayar), Olaberria (José Antonio Vivó), Bedia (Luis María Uriarte), pero también a los presidentes de las diputaciones de Gipuzkoa (Juan María Araluce) y Bizkaia (Augusto Unceta), y al concejal de Irun (Julio Martínez Ezquerro). Hubo también varios intentos fallidos como el atentado contra la alcaldesa de Bilbao (Pilar Careaga), que resultó gravemente herida y terminó marchándose del País Vasco.

Esa persecución también se cebó en algunas personas tan significadas como Javier de Ybarra y Bergé, quien había sido presidente de la Diputación de Bizkaia, alcalde de Bilbao, procurador en Cortes, consejero nacional del Movimiento, consejero delegado de *El Correo*, presidente de Babcock Wilcox y de otras importantes empresas y entidades bancarias. La víctima reunía todos los elementos imprescindibles para constituir un objetivo preferente del terrorismo de ETA. Era un reconocido franquista, había desfilado por las calles de Bilbao al frente de las IV Brigadas de Navarra, tras la caída de la capital en manos de los franquistas, y pertenecía a una de las familias más conocidas del "imperio de Neguri" que "esclavizaban al Pueblo Trabajador Vasco" como destacó la literatura del entorno político y social de la organización terrorista. Era, por lo tanto, un enemigo nacional y un enemigo de clase. El secuestro y asesinato de Javier de Ybarra, cometido unos días antes de las elecciones generales de junio de 1977, provocó una enorme conmoción y dio paso a una verdadera desbandada, tanto de antiguos cargos franquistas como de importantes miembros de la élite social y económica del País Vasco.

Pero la persecución contra este sector político, que había representado de algún modo la cara más visible del franquismo vasco, no quedó ahí. Durante los años de plomo, los más negros del terrorismo, el acoso se extendió contra la derecha y el centro derecha vascos, representadas ya en democracia por formaciones como Alianza Popular y Unión de Centro Democrático, en cuyas filas figuraban antiguos cargos franquistas. Ambas formaciones fueron objeto de una verdadera cacería a partir de una serie de asesinatos contra sus dirigentes que prácticamente terminó con estos partidos. La campaña terrorista que ETA desató contra este sector político fue uno de los mayores ataques contra el pluralismo que se produjeron en el País Vasco[3].

Entrevista a Carlos Ruiz Cortadi (2018)

"Bueno, es muy curioso, aquí hay que dar méritos a los que hicieron la Transición. Bueno...el mérito está en el pueblo y el mérito está en los que estábamos de quinta división, que aceptamos salir de un régimen y entrar en otro, y muchos de los que estábamos en Alianza Popular, habíamos sido colaboradores o no sé qué, del Régimen de esos últimos estertores,

3. Todo este fenómeno se desarrolla con detalle en otro libro de la colección titulado *La sociedad vasca, ¿pluralidad sin pluralismo?* (Rivera y Sáez de la Fuente, 2024).

pero sin embargo aceptamos ir ahí, a esa fórmula. […] La primera sede que abrimos, una sede en Bilbao lo hacemos en la calle Alameda Recalde, cerca del Deportivo, del frontón. Cuando vamos a hacer el contrato de arrendamiento en aquel piso… pues no pusimos que éramos Alianza Popular, por miedo, por precaución, dijimos que éramos una agencia de publicidad. Ese es el grado de libertad que había entonces.

[…] A mí me señala ser el primer teniente de alcalde de Sestao, y que, en el año 77, en las primeras elecciones democráticas, participo como líder de Alianza Popular […] yo en los mítines marcaba un poco […] la línea para traer el voto de los emigrantes […] diciendo 'oiga, que los separatistas te han llamado coreano, que los separatistas te han llamado *maketo*, ahora piden tu voto por que les interesa' […] En […] Balmaseda hubo hasta tiros […]

El acoso comenzó más o menos en el 77 y duró hasta finales del 79 cuando decidimos marcharnos. Yo había cesado ya en el ayuntamiento y pensaba que no era objetivo de nada. Un iluso. Porque seguí teniendo amenazas. Me siguen llamando a casa. A veces lo cojo yo, me acuerdo que a veces contesto de malas formas 'me cago en tu padre…' en fin… pero te quedas con el tema […] en agosto voy a Bilbao a hacer unas compras con el coche y ahí mi hijo pequeño se da cuenta de que nos siguen. Y voy con él, se monta en el coche, se queda en la parte de atrás y cuando entramos por la calle Correo, me dice 'Papá, cuidado, un coche nos sigue' […] Y yo ya voy con cuidado, y este chaval cómo —con siete años ¡eh!... Qué le pasa a este chaval—. Eso me hizo reflexionar aquella noche diciendo, bueno ¿cómo mi hijo puede estar viviendo con esta tensión? ¿Quién le ha metido esto en la pelota? Eso es imposible. Y eso me hizo repensar durante todo un mes, diciendo 'le estoy educando mal'. O sea, si un chiquillo de siete años cree que su padre puede salir con las patas por delante, algo estamos haciendo mal.

La cosa se pone seria. Me ponen protección, dos policías que a veces duermen incluso en casa y mi hijo preguntando qué quienes eran esos señores. 'Dos amigos de papá que no han encontrado hotel para dormir'. Ya ves. No podemos seguir así y nos vamos a finales de 1979. Cuando dejo mi tierra se me caen las lágrimas. O sea, unas lágrimas que te caen por toda la cara y tú por dentro diciendo: 'bueno, ¿y por qué tengo que salir de mi tierra?'. A mí me gusta mi tierra más que a nadie, yo me siento tan vasco como español, pero esto todavía creo que no sea ningún defecto, cada uno se siente como se siente. […] Pero tengo que marcharme a Madrid y eso me rompe por dentro".

Fuente: Entrevista realizada el 10 de diciembre de 2018 a Carlos Ruiz Cortadi, concejal y teniente de alcalde de Sestao durante la última corporación del régimen franquista y miembro de Alianza Popular.

La acusación de franquista se convirtió en un verdadero estigma, pero el pasado no significó lo mismo para unos que para otros. Quienes evolucionaron políticamente y se afiliaron a las formaciones nacionalistas, incluida Herri Batasuna, el brazo político de ETA, vieron desaparecer como por arte de magia aquella mancha que condenó a muerte a otras personas y que contribuyó a legitimar una verdadera limpieza ideológica, porque no había cabida para ellos en la Euskadi nacionalista que defendía la organización terrorista y quienes apoyaban su proyecto político totalitario.

6. A MODO DE CONCLUSIÓN

En este libro hemos querido mostrar cómo se gestaron y se consolidaron los diversos tipos de apoyo que ayudaron a sostener la dictadura en Euskadi durante cuatro décadas. A lo largo de estas páginas hemos podido comprobar que hubo diferentes fórmulas de adhesión al régimen. Existía una élite política vasca de convicciones carlistas, tradicionalistas o falangistas que se integró en la estructura de Estado: parte de la misma ocupó puestos de poder muy relevantes en forma de carteras ministeriales en Madrid o se convirtió en vehículo privilegiado de control del poder central sobre el local al ejercer como gobernadores civiles fuera del País Vasco; otro sector permaneció en su tierra, ejerciendo su poder en ayuntamientos o diputaciones provinciales. El empresariado vasco, incluso el de filiación nacionalista, priorizó sus intereses económicos y la obtención de unos beneficios que se multiplicaron al compás del desarrollo económico y de una legislación que anulaba por completo la libertad sindical. La Iglesia, por su parte, y sobre todo en las primeras décadas, fue un eje fundamental de socialización del ideario nacional católico que sirvió de soporte al régimen. Finalmente, la sociedad en su conjunto experimentó una cierta adaptación al clima reinante, sobre todo cuando, gracias a la mejora de sus condiciones de vida, pudo salir del estado de pura subsistencia de postguerra y caminar hacia ciertas cotas de bienestar social.

No hemos querido minusvalorar el peso de la represión política, económica y cultural y del uso del miedo para despolitizar a la ciudadanía, ni tampoco la importancia de las distintas formas de oposición a la dictadura. Sin embargo, estos apoyos ponen de manifiesto la pluralidad y complejidad de la sociedad vasca y, en consecuencia, permiten cuestionar el mito según el cual el franquismo fue simplemente una fuerza invasora española contra un pueblo vasco victimizado por su condición unánimemente antifranquista. A la luz del análisis que presentamos en este libro, la violencia de ETA, que se justificaba como un medio necesario para liberar al pueblo vasco de las fuerzas franquistas invasoras y de sus herederos, aparece entonces como una estrategia deliberada de depuración ideológica y política del propio pueblo vasco, porque expulsa, simbólica o materialmente, a todo aquel que, al no comulgar con su ideario nacionalista radical, no considera legítimamente vasco.

BIBLIOGRAFÍA

ALEGRE, David (2022): *Colaboracionistas. Europa Occidental y el Nuevo Orden nazi*, Barcelona, Galaxia Gutenberg.

ÁLVAREZ, Antonio (1966): *Enciclopedia intuitiva, sintética y práctica*, Valladolid, Miñón.

AÑOVEROS, Antonio (1974): "El cristianismo, mensaje de salvación para los pueblos", homilía leída en las iglesias de Bizkaia el 24 de febrero de 1974.

ARANZADI, Juan (2000): *El milenarismo vasco*, Madrid, Taurus.

BARCIELA, Carlos (2023): *Con Franco vivíamos mejor. Pompa y circunstancia de cuarenta años de dictadura*, Madrid, Los Libros de la Catarata.

BARROSO, Anabella (2001): "Iglesia vasca, una iglesia de vencedores y vencidos. La represión del clero vasco durante el franquismo", *Revista Ayer*, (43), pp. 87-109.

CALVO, Cándida (1995): *Poder y consenso en Guipúzcoa durante el franquismo, 1936-1951*, Salamanca, Universidad de Salamanca.

CANAL Y MORELL, Jordi (2006): *Banderas blancas, boinas rojas: una historia política del carlismo, 1876-1939*, Madrid, Marcial Pons.

CANTABRANA, Iker (2009): "Octavistas contra oriolistas. La lucha por el control de las instituciones, 1936-1957)", en Antonio Rivera (dir.), *Dictadura y desarrollismo en Álava. Vitoria-Gasteiz*, Ayuntamiento de Vitoria-Gasteiz, pp. 121-174.

CASTELLS, Luis y RIVERA, Antonio (2015): "Las víctimas. Del victimismo construido a las víctimas reales", en Fernando Molina y José Antonio Pérez, *El peso de la identidad. Mitos y ritos de la historia vasca*, Madrid, Marcial Pons, pp. 265-305.

CAYÓN, Francisco y MUÑOZ, Miguel (2000): "José María de Oriol y Urquijo", en Eugenio Torres (dir.), *Los 100 empresarios españoles del siglo XX*, Madrid, Lid, pp. 419-423.

CENARRO, Ángela (2014): "El Auxilio social de Falange (1936-1949): entre la guerra total y el Nuevo Estado", *Bulletin of Spanish Studies*, 91(1-2), pp. 43-59.

DÁVILA, Paulí y NAYA, Luis M. (2013): "La enseñanza privada religiosa en España: instituciones, políticas e identidades", en Joaquín Pintassilgo, *Laicidade, Religiões e Educação na Europa do Sul no Século XX*, Lisboa, Instituto de Educação da Universidade de Lisboa, pp. 367-392.

DEL ARCO, Miguel Ángel (2009): "El secreto del consenso en el régimen franquista: cultura de la victoria, represión y hambre", *Revista Ayer*, (76), pp. 245-268.

DEL ARCO, Miguel Ángel; FUERTES, Carlos; HERNÁNDEZ, Claudio y MARCO, Jorge (2013): *No solo miedo. Actitudes políticas y opinión popular bajo la dictadura franquista (1936-1977)*, Granada, Editorial Comares.

DÍAZ, Beatriz y SOLÉ, Belén (2015): *Era más la miseria que el miedo. Mujeres y franquismo en el Gran Bilbao. Represión y resistencias*, Bilbao, Elkasko.

EUSKO IKASKUNTZA (s. f.): "Informe relativo a las actitudes políticas e ideología de Monseñor Javier Lauzurica, Administrador apostólico de la Diócesis de Vitoria", *Eusko Ikaskuntza*, disponible en https://lc.cx/vKJ-eL.

Fernández, Antonio (1951): *Enciclopedia práctica*, Barcelona, Editorial Miguel A. Salvatella.
Fundación Euskal Memoria (2014): "¿Quiénes somos?", Fundación Euskal Memoria, disponible en https://www.euskalmemoria.eus/es/Quienes_somos_.
Fusi, Juan Pablo (2017): "Los años sesenta. Los años de la ruptura", en Juan Pablo Fusi y José Antonio Pérez (eds.), *Euskadi 1960-2011. Dictadura, transición y democracia*, Madrid, Biblioteca Nueva.
García, Milagros; Velasco, Roberto y Mendizabal, Arantza (1981): *La economía vasca durante el franquismo. Crecimiento y crisis de la economía vasca: 1936-1980*, Bilbao, Gran Enciclopedia Vasca.
Girón, José Antonio (1943): "En la fábrica Echevarría, 21-2-1942", *Escritos y Discursos*, vol. I: *1941-1943*, pp. 133-136.
— (1959): "No queremos una España de proletarios, sino de propietarios", *ABC*, 2 de agosto.
Gómez, Javier (2014): *Matar, purgar, sanar. La represión franquista en Álava*, Madrid, Tecnos.
Gómez, Javier; Barruso, Pedro; Zubiaga, Erik; Berriochoa, Pedro y Bermúdez, Ángela (2023): *Las caras de la represión en la Guerra Civil y en la postguerra en Euskadi (1936-1945)*, Madrid, Los Libros de la Catarata.
González de Langarica, Aitor (2009): "El tercer modelo de industrialización vasca: Vitoria, 1936-1966", en Antonio Rivera (dir.), *Dictadura y desarrollismo en Álava*, Vitoria-Gasteiz, Ayuntamiento de Vitoria-Gasteiz, pp. 21-84.
González Portilla y Garmendia, José María (1988): *La guerra civil en el País Vasco. Política y economía*, Madrid, Siglo XXI.
Jáuregui, Gurutz (1981): *Ideología y estrategia política de ETA. Análisis de su evolución entre 1959 y 1968*, Madrid, Siglo XXI.
Justel, Manuel (1992): "Edad y Cultura política", *Revista REIS*, (58).
Landaburu, Javier (1956): *La causa del pueblo vasco*, París, Imp. Société Parisienne d'Impressions, pp. 27-28.
López de Maturana, Virginia (2009): "Política y poder local. El Ayuntamiento de Vitoria durante el franquismo", en Antonio Rivera (dir.), *Dictadura y desarrollismo en Álava, Vitoria-Gasteiz*, Ayuntamiento de Vitoria-Gasteiz, pp. 175-217.
— (2014): *La reinvención de una ciudad. Poder y política simbólica en Vitoria durante el franquismo (1936-1975)*, Leioa, Servicio Editorial de la UPV.
Louzao, Joseba (2023): *Enrique Vicente y Tarancón. Las consecuencias del Evangelio*, Madrid, Kahf.
Marín, Martín (2013): "Los gobernadores civiles en el franquismo: 1936-1963. Seis personajes en busca de autor", *Historia y Política*, (29), Madrid, enero-junio, pp. 269-299.
Marín, Martín; Ponce, Julio y Sanz, Julián (s. f.): "Base de datos de gobernadores civiles (1936-1982)", Universidad de Sevilla, disponible en https://lc.cx/jflnqV.
Molina, Fernando (2005): *José María Arizmendiarrieta (1915-1976). Biografía*, Mondragón, Caja Laboral-Euskadiko Kutxa.
— (2013): "Inserción de procesos nacionales. Nacionalización y violencia política en el País Vasco 1937-1978", *Cuadernos de Historia Contemporánea*, 35, pp. 63-87.
Molinero, Carme (1998): "Mujer, franquismo, fascismo. La clausura forzada en un mundo pequeño", *Historia Social*, (30), pp. 97-117.
— (2005): *La captación de las masas. Política social y propaganda en el régimen franquista*, Madrid, Cátedra.
Pérez, José Antonio (2009): "Foralidad y autonomía durante el franquismo (1937-1975)", en Luis Castell y Arturo Cajal, *La autonomía vasca en la España Contemporánea (1908-2008)*, Madrid, Marcial Pons/Instituto de Historia Social Valentín de Foronda.
— (2021): *Historia y memoria del terrorismo en el País Vasco, 1968-1981*, Almería, Confluencias.
Pérez Díaz, Víctor (1993): *La primacía de la sociedad civil*, Madrid, Alianza.
Rivera, Antonio y Sáez de la Fuente, Izaskun (2024): *La sociedad vasca: ¿pluralidad sin pluralismo?*, Madrid, Los Libros de la Catarata.
Rodrigo, Javier (2006): *Violencia durante la guerra civil y la dictadura franquista*, Madrid, Alianza.
Rodríguez, Desiré (2017): "La Sección Femenina de Falange como guía adoctrinadora de la mujer durante el Franquismo", *Asparkia*, 30, pp. 133-147.

Sáez de la Fuente, Izaskun (2001): *El Movimiento de Liberación Nacional Vasco, una religión de sustitución*, tesis doctoral presentada en la Universidad del País Vasco/Euskal Herriko Unibertsitatea.
— (2002): *El Movimiento de Liberación Nacional Vasco, una religión de sustitución*, Bilbao, Desclée de Brouwer, Instituto Diocesano de Teología y Pastoral.
Santas, Asier (2007): *Urbanismo y vivienda. Veinte años de postguerra*, Bilbao, Colegio Oficial de Arquitectos Vascos.
Ugarte, Javier (1998): *La nueva Covadonga insurgente. Orígenes sociales y culturales de la sublevación de 1936 en Navarra y el País Vasco*, Madrid, Biblioteca Nueva.
Zubiaga, Erik (2017): *La huella del terror franquista en Bizkaia. Jurisdicción militar, políticas de captación y actitudes sociales, 1937-1945*, Leioa, Servicio Editorial de la UPV.

CATARATA

Deusto
Centro de Ética Aplicada
Etika Aplikatuko Zentroa

JOSÉ ANTONIO PÉREZ PÉREZ

Historia Garaikideko irakaslea da EHUko Letren Fakultatean eta Valentín de Foronda Gizarte Historiako Institutuko ikertzailea. Azken hogeita hamar urteotan, Euskal Herriko terrorismoa, frankismo garaiko langileen mugimendua eta ahozko historia izan ditu ikergai. Argitalpen garrantzitsuenen artean, aldizkari espezializatuetan artikulu sorta luze bat eta liburu kolektiboetan hainbat kapitulu argitaratzeaz gain, *Los años del acero* (2001) eta *Los espejos de la memoria* (2005) idatzi ditu eta zenbait liburu koordinatu Fernando Molina Aparicio eta Juan Pablo Fusi idazleekin batera. Horretaz gain, *Historia y memoria del terrorismo en el País Vasco (1968-2011)* izeneko trilogia koordinatu du.

ÁNGELA BERMÚDEZ VÉLEZ

Deustuko Unibertsitateko Etika Aplikatuko Zentroko ikertzaile nagusia da. Gatazkei eta bake kulturei buruzko ikerrildoa eta Euskadiko Memoriaren, Historiari buruzko Hezkuntzaren eta Bakearen Eraikuntzaren inguruko Ikaskuntza Komunitatea zuzentzen ditu. Bere ikerlanetan, sakon aztertu du historiari buruzko hezkuntzak, ingurune formaletan zein informaletan, nola sustatzen edo eragozten duen indarkeria politikoaren ulermen kritikoa eta, ondorioz, bakearen eraikuntza. Harvard Unibertsitateko Hezkuntza Eskolan lortu zuen doktoregoa 2008an, gazteek auzi sozial eta politikoen eztabaidan nola hartzen zuten parte ikertuta. Horren aurretik, Kolonbian lan egin zuen, bertako curriculum eta baliabide didaktikoak diseinatzen, irakasleak trebatzen, gazteei irakasten eta hezkuntza historiko, demokratiko eta etikoaren inguruan ikertzen. Hainbat erakunde aholkatu ditu: Kolonbiako Hezkuntza Nazionaleko Ministerioa, Bogotako Hezkuntza Idazkaritza, Amerikako Estatuen Erakundea, Iberoamerikako Estatuen Erakundea (OEI) eta Goi Mailako Hezkuntza Sustatzeko Institutua (ICFES). Irakasle izan da, besteak beste, Deustuko Unibertsitatean (Bilbo), Northeastern Unibertsitatean (Boston), Harvard Unibertsitatean (Cambridge), Unibertsitate Javerianoan (Bogota) eta Gizarte Zientzien Latinoamerikako Fakultatean (FLACSO, Buenos Aires).

Research ID: Web of Knowledge: H-1290-2011/ orcid.org/0000-0002-5269-6420

José Antonio Pérez Pérez eta Ángela Bermúdez Vélez

Nork eutsi zion frankismoari Euskadin?

Izaskun Sáez de la Fuente eta Ángela Bermúdez
(bildumaren editoreak)

Itzulpena Sara Muniozguren

EUSKADIKO GATAZKAREN ETA INDARKERIAREN MEMORIA ETA HISTORIA BILDUMA.

BILDUMA HAU EUSKO JAURLARITZAK ETA DEUSTUKO UNIBERTSITATEAK BIZIKIDETZA, GIZA ESKUBIDE ETA ANIZTASUNAREN PLANA (2021-2024) GARATZEKO SINATUTAKO HITZARMENAREN BABESPEAN EGIN DA.

AZALAREN DISEINUA: MIKEL LAS HERAS

ITZULTZAILEA: SARA MUNIOZGUREN, ITZULPEN ETA HIZKUNTZA LAGUNTZAKO ZERBITZUA – DEUSTUKO UNIBERTSITATEA

FUENCARRAL, 70
28004 MADRID
TEL. 91 532 20 77
WWW.CATARATA.ORG

NORK EUTSI ZION FRANKISMOARI EUSKADIN?

ISBN: 978-84-1067-137-9
DEPÓSITO LEGAL: M-22.211-2024
THEMA: 1DSE-ES-R/GTU/3MPQ-ES-A

INPRIMATZAILEA: ARTES GRÁFICAS COYVE S.L.

AURKIBIDEA

BILDUMARI BURUZ

Euskadi Ta Askatasunak (ETA) behin betiko su-etena iragarri zuenetik hamarkada bat igarota, Euskadiko gazteek —indarkeria pairatu ez duen lehen belaunaldia— adierazi dute espazio seguru gutxi dituztela gaiari buruz galdetzeko, hitz egiteko eta eztabaidatzeko.

Liburu bilduma honek azken hamarkadetan Euskadin bizi izan den gatazkaren eta indarkeriaren historiaren ulermen kritikoa sustatu nahi du belaunaldi berriengan. Batez ere gazteei eta gai horiei buruzko interesa duten herritarrei zuzenduta dago, baina baita irakaslanean edo irakaslanerako prestatzen ari direnei eta hainbat erakunde publiko eta pribatutatik giza eskubideen errespetua sustatu eta bakea eta bizikidetza landu nahi duten pertsonei ere.

Proiektu hau Euskadiko Memoriaren, Historiari buruzko Hezkuntzaren eta Bakearen Eraikuntzaren inguruko Ikaskuntza Komunitatearena da. Ikaskuntza komunitate hori Deustuko Unibertsitateko Etika Aplikatuko Zentroaren ekimenez sortu zen 2018an eta, harrezkero, Euskadiren indarkeriazko iraganari buruzko diziplinarteko eta belaunaldien arteko elkarrizketa eta hausnarketa ahalbidetzeko gune bat da. Lehen lan fasean (2019-2021), profil ideologiko desberdinetako gazteek Euskadin bizi izandako motibazio politikoko indarkeriari buruz zer galdera eta gogoeta dituzten ikertu zuen. Behin eta berriz adierazi zuten hainbat galdera sortzen zaizkiela, baina ez dutela non planteatu galdera horiek, eta gogoetak ere badituztela, baina ezin dituztela beste pertsona batzuekin kontrastatu. "Jarauntsitako eta autoinposatutako isiltasuna"ren pisua sentitzen dute familian, koadriletan, eskolan eta komunitatean.

Bada uste zabaldu bat isiltasun horri irauten lagundu diona: bakea eta bizikidetza sustatzeko, hobe dela orria pasatzea, iragana ahaztea eta etorkizunera bakarrik begiratzea. Baina etorkizuna ezin da eraiki iraganari bizkarra emanda. Horregatik, oraingo lan fasean, Ikaskuntza Komunitateak hainbat aditu bildu ditu bilduma honen ekoizpenean laguntzeko: gaian adituak diren historialariak, indarkeriaren analisi etikoan adituak diren filosofo eta gizarte zientzialariak eta historiari buruzko hezkuntzan adituak diren pedagogoak.

Bildumako liburu bakoitzak gai historiko edo etiko batean sakontzen du. Hautatu diren gaiak bereziki garrantzitsuak dira gazteek euskal gatazkaren eta indarkeriaren historiari buruz dituzten kontakizunei modu kritikoan heltzeko. Estrategia pedagogiko narratiboa erabiliz, Peneloperen bideari jarraitzea proposatzen da: iragan odoltsu eta mingarri baten memoria sozialaren ehuna tentuz desegitea eta kontzientziaz berriz ehuntzea. Bide horretan, indarkeria justifikatzeko balio duten mito, partzialkeria eta gain-sinplifikazioak ikusaraztea eta kritikoki arakatzea izango da abiapuntua dinamika bikoitza aurrera eramateko: *memoria historizatzea* eta *historia memorializatzea*. Horren bidez, hiru helburu bete nahi dira: pertsonek fenomeno historikoen konplexutasunaren ulermen hobea izatea, iragana biktimen esperientzian hezurmamitzea, eta, horrela, historiak indarkeria desnormalizatzeko eta deslegitimatzeko duen ahalmena aktibatzea.

SARRERA

Euskadin, kontakizun edo errelatu nazionalistak (baina baita ezkerreko sektore zabal batek zabaldutakoak ere) zuri-beltzean marrazten du frankismoa. Kontakizun horretan Euskal Herria bere identitatearen eta askatasun demokratikoen defendatzaile sutsua da eta eliz, enpresa eta politika eliteen boterearen mende dago. Elite horiek, erregimenari erabat emanik, frankismoaren diskurtso ultrakontserbadore eta zentralistarekin identifikatzen dira, hots, euskal nortasunaren errespetua aldarrikatzen duen edozein mugimendu arbuiatzen dute. Argazki sinpleegia da, estereotipoz eraikia eta tonu eta eremu grisen falta duena. Eremu grisek zalantzan jarriko lukete euskal herria pitzadurarik gabeko eraikuntza trinko gisa definitzen duen iragan hurbilari buruzko narratiba autokonplazienteegia, gerran azpiratutakoak bakarrik barne hartzen dituena eta frankismoa babestu zutenak edo, gutxienez, frankismoari amore eman ziotenak ezabatu egiten dituena.

Ez dago erregimen diktatorialik hamarkada luzeetan iraungo duenik izuari esker bakarrik. Izuak denbora batez edo aldi jakin batzuetan funtzionatzen du oposizioa akabatzeko edo suspertzen saiatzen denean hari aurre egiteko, baina beldurrak, kontrol tresna gisa, ibilbide mugatua du, eta epe ertain eta luzera, izuaz baliatzen denaren aurkako ondorioak izan ditzake, haren legitimitatea kolokan jar dezake, baldin eta errepresioan soilik oinarritzen bada. Frankismoaren kasua horren adibide da. Estatu kolpea emateko saiakerak huts egin ondoren piztutako gerra zibil batetik sortuta, erregimen berria izan zen, hogeita hamarreko hamarkadan Europa suntsitu zuten proiektu totalitarioetan inspiratuta, guztien gainetik bizirik iraun zuen bakarra eta hirurogeita hamarreko hamarkadara arte irautea lortu zuena, Portugaleko Salazarren erregimena alde batera utziz gero.

Faxismoaren porrotak eta Gerra Hotzarekin hasi zen nazioarteko testuinguru berriak mendebaldeko potentzien kolaboratzaile aktibo bihurtu zuten Franco komunismoaren aurkako borrokan. 50eko hamarkadan Egoitza Santuarekin Konkordatua sinatzeak, Ameriketako Estatu Batuekin akordioak egiteak eta Espainia Nazio Batuen Erakundean sartzeak sendo lagundu zuten nazioarteko komunitateak erregimena onar zezan. Baina diktadurak nolabaiteko legitimazioa behar zuen Espainian ere.

Azken urteotan argitaratu diren ikerketek frankismoaren hainbat alderdiren ezagutzan sakontzen lagundu dute. Ikerketa garrantzitsuenetako batek errepresioa izan du aztergai. Gaur egun, informazio ona dugu jakiteko errepresioak nola funtzionatu zuen, erregimenak zer zigor mekanismo erabili zituen, zein eratara egin zen eta zer biztanle sektorek pairatu zuten gehien. Horretaz dihardu bilduma honetako *Errepresioaren aurpegiak Gerra Zibilean eta Gerraondoan Euskadin (1936-1965)* liburuak (Gómez, Barruso, Zubiaga, Berriochoa eta Bermúdez, 2023).

Bada oraindik, ordea, gutxi aztertu den eremu bat: saiatu beharko litzateke azaltzen frankismoak nola moldatu zuen Espainiako gizartean nolabaiteko babesa sortu arte; izan ere, babes horrek ahalbidetu zuen erregimenak, azken urteetan aurkakotasuna gero eta handiagoa izan arren, diktadorea bera hil arte irautea. Diktadurei herritarrek emandako babesari buruzko ikerketek lan interesgarriak argitaratu dituzte hogeita hamar eta berrogeiko hamarkadetako faxismoaz, nazismoaz eta erregimen totalitarioekiko kolaborazionismoaz; baita Espainiaren kasuaz ere (Molinero, 2005; Del Arco, 2009; Alegre, 2022). Hala ere,

Euskal Herrian oso gutxi aztertu da gai hori, orain arte behintzat (Calvo, 1995).

Eremu grisak arantzatsuak dira oraindik ere, bereziki, narratiba nazionalistak kontakizun heroiko eta biktimista zabaldu duelako: horren arabera, Euskadi Espainiako lurralderik zigortuena da, euskaldunekin zerikusirik ez duen erregimen baten errepresiorik gogorrena jasotakoa, eta faxismoaren aurka sutsuen borrokatu zen lurraldea. Literatura horrek nahita saihesten du hain garrantzitsua (eta deserosoa) den gai bat, alegia, izan zela sektore sozial eta politiko bat Errepublikaren aurka armaz matxinatutakoei babesa eman ziena, baita Eusko Alderdi Jeltzaleko (EAJ) liderrek 1936ko uztailaren 18ko estatu kolpe saiakeraren aurrean hasieran izan zuten jarrera zalantzagarria ere.

Narratiba nazionalistaren helburua da Euskal Herria Espainiaren jazarpenaren objektu gisa aurkeztea, erregimen frankistaren inposaketa delarik horren adierazpen gorena (Castells eta Rivera, 2015: 265-305). Kontakizun horretan, euskaldunek bloke homogeneo eta trinko bat osatzen zuten, askatasun demokratikoen defendatzaile sutsua, beren identitate nazionala defendatu zutenak gupidarik gabe jazarri eta zigortu zituen erregimen genozida batek zapaldua. Baina tropa matxinatuek arrakasta izan zezaten, "Altxamendu Nazionala" babestu zutenen nagusitasun militarraz gain, kolpistek definitu zuten bezala, beharrezkoa zen sektore garrantzitsu eta antolatu baten babesa izatea, trama politiko eta sozial bat, haiekin bat egin zuena, azkenean gerra zibila ekarri zuen saiakera hura babesteko. Eta Euskadi, Nafarroarekin batera, kolpistek babes handiena izan zuten lurraldeetako bi izan ziren, karlistek lehen unetik izandako parte-hartze zuzenari esker (Ugarte, 1998).

Herrialde okupatu baten ikuskera Gerra Zibilaren aurreko narratiba nazionalistan ere bazegoen, baina, Jauregik adierazi zuenez (1981: 139-143), frankismoak indar handiz lagundu zuen indartzen. Bertsio hori sendo finkatu zen eta, neurri handi batean, gaur arte iraun du, behintzat euskal gizartearen sektore nahiko zabal batean. Horrela islatzen da Euskal Memoriaren gogoetetan[1]. Esanguratsua da webguneko "Nortzuk gara?" izeneko atala:

> [...] Gauzak aldatu nahi baldin baditugu, ezinbesteko baldintza da ulertzea nortzuk garen, nondik gatozen eta zergatik irauten duen ezeztatzen gaituen zapalketa honek [...] etorkizuna eraiki eta oraina aldarazteko ariketa eraginkor zein ezinbestekoa da memoria historikoaren berreskurapena. [...] 1936ko gerra, Frankismoa, Erreforma, frantses zentralismoa eta espainiar Konstituzioa nabarmenki kate maila berean daudela ulertzen dugunean gatazkaren, bere jatorriaren, ondorioen eta konponbidearen ikuspegi orokorra zeharo aldatuko dugu. Orduantxe bakarrik hasiko gara irabazten geure-geurea den egiaren hautematea. Gure egia ere ikusgai izango da, eta etorkizuna irabaztea erronka garestia baina posiblea izango da (Euskal Memoria Fundazioa, 2014).

Errealitatearen ikuspegi hori "aspaldiko gatazkaren narratiba"ren parte da, eta, neurri handi batean, ETAren indarkeria justifikatzeko balio izan du, euskal herritarren askatasuna deuseztatzeko bultzatutako inbasio espainiarraren aurrean autodefentsarako bidezko erantzun gisa. Hala ere, kontakizun horrek alde deserosoak ditu: 1937ko ekainaren amaieran Bilboko kaleetan Bizkaiko hiriburuaren erorketa ospatzeko harro desfilatu zutenen zati handi bat Nafarroako IV. Brigadetakoak ziren, hain zuzen ere, lurralde hartako erreketeek osatutako unitate militarrak, frankisten aldeko dozenaka mila boluntario bildu zituzten tropak (Canal eta Morell, 2006: 239). Eta are garrantzitsuagoa dena, gudari haietako asko euskaraz mintzo ziren, katoliko sutsuak ziren eta Gurutzadaren logika bere egin zuten. Honela bizi izan zuen tropa frankisten sarrera Berrizen Maria Elorduik, Bizkaiko herri horretako bizilagun eta familia nazionalista bateko alabak:

---

1. Euskal Memoria mundu abertzaleak bultzatutako fundazioa da, beraren hitzetan Euskal Herriaren "memoria historikoa" aldarrikatzeko, "herri ukatua eta zapaldua den heinean, bere azalean bizi izan du historiaren faltsutze etengabea ren eta Espainiar eta frantziar estatuen eraso ideologiko"en ondorioz.

María Elorduiren lekukotza (2005)

"Etxean koadro bat zegoen, Sabino Arana eta Goiriren irudiarekin. Haren ondoan, Kristo, bi argimutil eta katilu bat ur bedeinkatuarekin komoda baten gainean. Frankistak sartu zirenean, familiako gizonak atxilotu eta etxea miatu ziguten. Gero jakin genuen nork salatu zituen. Herrikoak ziren, koadrilako lagunak, Olakuetakoak. Hemen beti egon dira karlista gehiago nazionalistak baino. Parrokiatik gorantz nazionalista gehiago ziren. Beherantz, karlista gehiago. Aita eta osabak karlistak omen ziren. Karlistak bai, eta Sabino Arana zer izan zen ba? Karlista, baina gero nazionalista egin zen Euskadi defendatzeko. [...] Frankistak sartu eta hona etorri zirenean, denak ziren karkak (karlistak), orain denak dira Herri Batasunekoak. Denetan karkena aita eta osabak salatu zituen karlistaren alaba zen, eta (ETAko) presoei laguntzeko zerrenda batean izena emateko eskatuz etorri zitzaidan. Felipe Alberdi Gaztelunutia izan zen alkate berria. Asko salatu zituen, horregatik esaten zioten 'borreroa'. Felipe Urtiaga Eguren alkate ohia (errepublikanoa) eta UGTko hainbat militante fusilatu zituzten, Jose Agirre esaterako... Nik ulertzen ez ditudanak Nafarroatik etorritakoak dira, erreketeak. Haiek sartu ziren herrian lehenengo. Euskaraz egiten zuten berba eta oso ondo ulertzen genion elkarri. Ogi zuria eman ziguten, baina zorriz josita ere bazetozen. Gure izekoak askori kendu zizkien zorriak olioz, alkanforrez eta txibo xaboiz. Gu nafar erreketeek askatu gintuzten".

Iturria: Maria Elorduiri Berrizko errepresio frankistaren iturri dokumentalei buruzko ikerketaren barruan egindako elkarrizketa (2005eko urria).

Frankismoari eusteko euskal parte-hartzea ez zen mugatu Gerra Zibila nazionalek irabaz zezaten egindako ekarpenera. Gerra amaitu eta gerraondoko errepresio politiko handia bukatuta, diktadurak askotariko mekanismoak jarri zituen martxan gizartearen babesa lortzeko. Kargu politiko berrien izendapena, Euskadiko garapen industrial bizia finantzatzeko laguntza ekonomikoa, erdi mailako klasea sendotzeko programa eta gizarte laguntzak, eta, jakina, hezkuntzaren eta haren propaganda funtzioaren kontrola, zentsura eta erlijioaren babesa, bereziki Eliza katolikoarena, lagungarriak izan ziren erregimena nolabait "zuritzeko" Espainiako eta Euskadiko biztanleriaren sektore zabaletan; pertzepzio hori "Francorekin hobeto bizi ginen" bezalako herri esakunetan laburbiltzen da.

Liburu honek zehatz-mehatz aztertzen ditu mekanismo horiek guztiak, euskal gizartearen eta diktadura frankistarekin izan zuen harremanaren ikuspegi konplexuago eta zehatzagoa emateko. Ez zaie inola ere garrantzia kendu nahi errepresioa egiteko erabili ziren moduei, ezta berrogei urtetan frankismoak izan zuen izaera guztiz antidemokratikoari ere. Baina euskal gizartearen ikuspegi konplexuago horrek lagunduko du diktadurak Euskadin izan zuen presentziari buruzko mitoa pitzatzen, alegia, euskal herritar guztiek partekatzen zuten ustezko identitatearen eta askatasun demokratikoen erabateko defentsaren aurkako kanpoko okupazioa izan zelako ustea kolokan jartzen. Horrekin, zalantzan jartzen da indarkeria erabiltzeko justifikazioa, "okupazio" horri aurre egiteko ezinbesteko premia historikoa zela aldarrikatzea, alegia.

1. LANGILE POLITIKO BERRIAK ERREGIMEN BERRI BATERAKO

Gerra Zibilean garaipena lortzearen euforiaren ondoren, beharrezkoa zen erregimen berri bat ezartzea eta erakunde berri batzuk martxan jartzea, kausaren jarraitzaileek erabat kontrolatuta. Francoren jarraitzaile leialak zirela frogatu ahal izan zutenak sarituak izan ziren: karguetan mantendu zituzten edo erantzukizun handiagoko postuak eman zizkieten. Zortea oso bestelakoa izan zen erakunde politiko edo sindikal errepublikarretan militatu eta haien alde borrokatu zirenentzat. Frankismoak hiru herritar mota bereizten zituen: "aldekoak", "axolagabeak" eta "aurkakoak".

Politikari berrien erreklutamendua, udal mailan behintzat, ez zen oso zaila izan. "Liberatutako" herri eta hirietako buru izateko izendatu zituzten alkate gehienak Euskadikoak ziren, herri horietako bizilagunak. Haietako batzuk II. Errepublikan zehar (baita Errestaurazio garaian ere) eskuineko alderdietan parte hartutakoak ziren. 1937tik aurrera, alderdi bakar batean (Falange Española Tradicionalista y de las Juntas de Ofensiva Nacional Sindicalista - FET de las JONS) batu ziren ofizialki, arazo handirik gabe. 1943tik aurrera alderdi bakar horri "Mugimendu Nazionala" izena eman ohi zitzaion.

Bestela gertatu zen hiru euskal probintzietako gobernadore zibilekin. Euskal gobernadorerik ez zen egon Euskal Herrian, gobernadoreek, 1824an sortu zirenetik, ez zuten kargua beren lurraldeetan betetzen, hain zuzen ere, tokiko botereekiko mendekotasuna saihesteko, botere zentrala tokiko boterearen gainean egon zedin kontrolatzeko tresnak ziren eta. Baina euskal gobernadore asko egon ziren Espainiako beste probintzia batzuetan erregimena konfiantza osoz ordezkatzeko.

TAULA 1

FRANKISMO GARAIAN BESTE PROBINTZIA BATZUETAN IZANDAKO EUSKAL JATORRIKO GOBERNADORE ZIBILAK

IZEN-ABIZENAK	JATORRIA	GOBERNADORE IZANDAKO PROBINTZIAK
Jesús Aramburu	Aretxabaleta (Gipuzkoa)	Alacant (1949-1954), Valladolid (1954-1957) eta Madril (1957-1965)
Antonio Almagro	Durango (Bizkaia)	Burgos (1936-1940)
Fco. Javier Ansuátegui	Elgoibar (Gipuzkoa)	Araba (1976-1977), Kordoba (1977-1980)
José María Arellano	Corella (Nafarroa)	Gipuzkoa (1936-1937), Coruña (1937-1938) eta Bizkaia (1936-1937)
Daniel Arraza	Etxarri-Aranatz (Nafarroa)	Tenerife (1937), Zamora (1937-1938) eta Cadiz (1938-1939)
José Luis Arrese	Bilbo	Malaga (1939-1941)
Vicente Asuero y Ruiz de Arcaute	Donostia	Palentzia (1962-1964) eta Guadalajara (1964-1966)
José Luis Azcárraga	Gasteiz	Caceres (1960-1961) eta Lugo (1961-1962)
Gerardo Caballero	Gasteiz	Oviedo (1937-1938) eta Gipuzkoa (1939-1941)
Eladio Esparza	Lesaka (Nafarroa)	Nafarroa (1936) eta Araba (1937-1938)
Cándido Fernández	Gasteiz	Araba (1936-1937)
Tomás Garicano	Iruña	Gipuzkoa (1951-1956) eta Bartzelona (1966-1969)
José Garrán	Olite (Nafarroa)	Bizkaia (1941-1942)
Jesús Gay	Donostia	Albacete (1971-1973) eta Burgos (1973-1977)
Julio Gutiérrez	Gasteiz	Palentzia (1966-1968), Huelva (1968-1969) eta Kordoba (1969-1970)
Antonio Ibáñez	Gasteiz	Santander (1960-1961), Bizkaia (1961-1963) eta Bartzelona (1963-1966)
Luis Ibarra	Gasteiz	Guadalajara (1966-1970)
Pedro Ibisate	Uztarroze (Nafarroa)	Orense (1951-1953)
Jesús Iraola	Iruña	Coruña (1945)
Antonio Iturmendi	Barakaldo (Bizkaia)	Tarragona (1939) eta Zaragoza (1939)
Ricardo Macarrón	Gasteiz	Pontevedra (1936-1937)
José María Olozábal	Bilbo	Las Palmas (1945-1947)

IZEN-ABIZENAK	JATORRIA	GOBERNADORE IZANDAKO PROBINTZIAK
Elías Querejeta	Donostia	Murtzia (1941-1943)
José María Rabanera	Gasteiz	Palentzia (1973-1977)
Antonio Rueda	Iruña	Almeria (1945-1946), Caceres (1946-1956), Araba (1956-1961), Nafarroa (1961-1962), Valentzia (1962-1973)
Aniceto Ruiz	Tutera (Iruñea)	Palentzia (1944-1946)
José Ruiz de Gordoa y Quintana	Alda (Araba)	Jaen (1968-1972), Nafarroa (1972-1976) eta Sevilla (1976-1977)
Martín Sada	Tutera (Nafarroa)	Palentzia (1939-1941)
Fermín San Orrio y Sanz	Iruña	Balearrak (1940-1941), Cadiz (1941) eta Gipuzkoa (1941-1942)
Luis Serrano de Pablo	Gasteiz	Zamora (1946-1948)
Ramón Sierra	Bilbo	Gipuzkoa (1936)
Felipe Ugarte	Donostia	Araba (1974-1975) eta Bizkaia (1975-1976)
Manuel María Uriarte	Bilbao	Zaragoza (1976-1977) eta Bizkaia (1977)
Manuel Veglisont	Donostia	Guadalajara (1940-1941) eta Balearrak (1942-1945)

Iturria: Geuk egina, Marín, Ponce eta Sanzek (datarik gabe) egindako gobernadore zibilen datu basea (1936-1982) oinarri hartuta.

Gobernadoreak oinarrizko pieza izan ziren frankismoa ezartzeko eta sendotzeko, eta probintzietako erregimen berriaren aginpide politiko handienekoak izan ziren (Marín, 2013). Haietako asko, hainbat lekutatik igaro ondoren, Estatu frankistaren egituraren barruan erantzukizun handiagoko karguak betetzeko sustatuak izango ziren.

Tamalez, oraindik ez dugu frankismoko politikariei buruzko azterlan zorrotzik edo osorik, ez eta Euskadin erregimen berriaren ezarpen eta eraikuntzari buruzkorik ere, prozesu horren oinarrizko ezaugarriak adierazten dituzten monografia batzuk baino ez daude (Calvo, 1995; Zubiaga, 2017; López de Maturana, 2014). "Frankisten" definizioa bera zehazgabeegia da kargu bakoitzaren filiazio zehatza kokatzeko, kontuan hartuta eskuineko indar politiko ugari bildu zirela Euskadin erregimenaren defentsan, ñabardura bereizgarriak gorabehera. Bizkaian, 1949 aldera, tokiko elite politiko gehienak (batez ere alkateak eta zinegotziak) Renovación Española zeritzon alderditik zetozen (% 42) eta neurri txikiagoan Karlismotik (% 26); falangistak gutxiengoa ziren (% 4). Monarkiko alfontsozaleak, kasu askotan tokiko oligarkia industrialari lotuak, Bilboko Udaleko eta Diputazio Probintzialeko postu garrantzitsuenetara igo ziren. Gipuzkoan, ordea, tradizionalistak nagusitu ziren probintzian erregimeneko beste familien gainetik: lurralde horretako zinegotzien % 48 karlismotik zetozen, eta karlismoak Aldundiaren eta Donostiako Udalaren kontrola ere izan zuen. Antzeko zerbait gertatu zen Araban, karlistak bereziki indartsuak baitziren bertan. Gasteizko Udala filiazio politiko argirik ez zuten "eskuindarrek" zuzendu zuten erregimenaren lehen urteetan (López de Maturana, 2009: 175-217), eta Nafarroan, benetako feudo tradizionalista izanik, probintzia eta udal erakundeak karlisten kontrolpean egon ziren.

Gerraondoko errepresioak ezarritako *bake soziala* behin betiko finkatu zen berrogeiko eta berrogeita hamarreko hamarkadetan. Euskal probintziek lehen mailako hainbat eta hainbat politikariz hornitu zuten erregimenaren botere sarea.

Diputazio probintzialak eta udalak beti zuzendu zituzten erregimenari leialak ziren konfiantzazko gizonek. Haien izenak eta jatorria gogoratzea garrantzitsua da, eta lagungarria probintzia eta udal elite politikoen inguruan ehundu ziren sare politikoak eta klientelarrak ulertzeko. Elite horiek funtsezkoak izan ziren botere zentralarekiko harremanak bermatzeko eta estutzeko, joan-etorriko harreman batean. Placido Careaga, Fernando de Ybarra eta Fernando de Arístegui Bizkaiko Diputazio Probintzialeko presidenteak izan ziren hirurogeiko hamarkadan; Vicente Asuero eta Antonio Epelde Gipuzkoako Diputaziokoak; Manuel Cortadi eta Félix Huarte Nafarroako Diputaziokoak, eta Manuel Aranegui y Coll eta José Luis Gordoa Arabako Diputaziokoak (Arabako kasu zehatzarako, aztertu Cantabrana, 2009: 121-179). Euskadiko udal garrantzitsuenetako alkateak beti izan ziren udalerri horietan jaiotako gizonak (eta salbuespenez emakumeren bat Bilbon) edo, gutxienez, haiekin lotura estua zutenak. Lorenzo Hurtado de Saracho, Javier de Ybarra eta Pilar Careaga Bizkaiko hiriburuko alkateak izan ziren. Nicolás Lasarte eta José Manuel Elósegui Donostiako udalaren buru izan ziren. Luis Ibarra Landet eta Manuel Lejarreta Allende Gasteizko udalarenak.

Guztiek egin zieten zin Mugimenduaren Oinarrizko Printzipioei (1958), eta erregimenarekiko leialak izan ziren desagertu zen arte, Franco hil arte, alegia.

Bilboko lehen alkatea, José María Areilza —frankismoko Bilboko lehen alkate gisa emandako hitzaldian, erregimenaren helburua belar txarra *sustrairaino* erauztea, *hiltzea, purgatzea eta sendatzea* zela adierazi zuen (Rodrigo, 2006; Gómez; 2014)— mugimenduaren kontseilari nazionala izan zen 1946tik 1948ra, eta geroago, Espainiaren enbaxadorea Argentinan, Frantzian eta Estatu Batuetan, liberalismo monarkikotik frankismoarekiko jarrera kritikorantz eboluzionatu aurretik, eta, azkenean, Trantsizioko lehen Gobernuan kanpo arazoetako ministro eta Zentro Demokratikoko Batasunaren (UCD) sortzaileetako bat izan zen. Horren aurretik, 1962 eta 1969 bitartean, Fernando Castiella, Bizkaiko hiriburuan jaioa, izan zen ministerio bereko buru, eta José Félix de Lequerica bilbotarrak ordezkatu zuen Espainia Nazio Batuetan 1963ra arte. José Luis Arrese, hau ere Bilbon jaioa, FET y de las JONSeko ministro-idazkari nagusia izan zen bi alditan, 1941etik 1945era eta 1956tik 1957ra, eta Etxebizitza ministroa 1957tik 1960ra.

Juan Pablo Lojendio donostiarra 1951tik 1952ra kultura harremanen zuzendari nagusia izan zen, 1952tik 1960ra Espainiaren enbaxadorea Kuban, gero Suitzan 1969ra arte eta azkenik Erroman (lehenengo Italian eta gero Vatikanoan) 1973ra arte. Antonio María de Oriol y Urquijo getxotarra 1965etik 1973ra Justizia ministerioaren buru izan zen, eta 1972tik 1979ra Estatu Kontseiluko presidente. Antonio Iturmendi, karlista eta Barakaldon jaioa, 1951 eta 1965 bitartean ministerio bereko titularra izan zena, Gorteetako presidente izatera iritsi zen urte horretatik 1969 arte (lehenago beste bizkaitar bat, Esteban Bilbao y Egia, egon zen kargu horretan 1943tik). Fermin Sanz Orrio, Iruñekoa, laneko ministroa izan zen 1957tik 1962ra. Urte horretan, Jesús Romero Gorría abokatu bilbotarrak ordezkatu zuen 1969ra arte, Lanaren Foruaren idazketan —Langileen Estatutu Orokorraren diktadurako bertsioa— parte hartu ondoren. Jose Antonio Elola-Olaso, Argentinan euskal-nafar familia batean jaioa, Kirol Zuzendaritza Nagusiko buru izan zen 1956tik 1967ra. Lacalle Larraga jenerala Aireko ministroa izan zen

1962tik 1969ra, eta Tomás Garicano Goñi nafarrak Gobernazioa zuzendu zuen 1969tik 1973ra, frankismoaren amaierako garairik kritikoenetako batean, Gipuzkoako eta Bartzelonako gobernadore zibila izan ondoren. Denak Euskal Herrikoak eta denak Francoren konfiantza osoko gizonak.

Leialtasun baldintzagabe hori ez zen bateraezina izan zenbait keinurekin. Probintzietako Diputazioetako zenbait lehendakarik Bizkaiak eta Gipuzkoak errepublikaren legezkotasunari emandako babesa zigortzeko 1937ko ekainaren 23ko Lege Dekretua onartzean deuseztatu zitzaizkien ekonomia itunak lehengoratzeko eskatu zieten Estatuko instantzia gorenei. Haietako batzuk izan ziren, esaterako, Fernando Aramburu Olaran 1942an, Antonio Epelde Hueto 1966an eta José María Araluce 1974an (gerora ETAk hil zuen 1976ko urrian), guztiak ere Gipuzkoako Diputazioko presidenteak. Beste kargu politiko batzuk zuhurragoak izan ziren. Dekretu horren hitzaurrean kostaldeko bi probintzien portaerari buruz egiten zen aipamen zuzena kentzeko baino ez zuten eskatu; izan ere, bertan hau esaten zen: "Mugimendu Nazionalaren aurka armaz altxatu ziren [...], eta, traizioarekin erantzunez eskuzabaltasun aparteko hari". Hala egin zuten Martín Fernández Palaciok, Bizkaiko Gorteetako prokuradoreak, eta José Ramón Estomba Goicoecheak, Gipuzkoako Probintzia Diputazioko diputatuak (Pérez, 2009: 292-294). Errebindikazio horiek ez ziren inondik inora izan diktaduraren aurkako keinua; ordezkatzen zituzten probintzien fideltasunaren aldarrikapena eta izen onaren defentsa izan ziren.

Kargu horiei guztiei gehitu beharko litzaizkieke erregimen berriaren egitura erraldoia osatzen zuten guztiak, hala nola Espainiako Erakunde Sindikalari lotutakoak —hainbat idazkaritza, idazkariordetza eta ordezkaritza probintzietan eta udaletan—, eta administrazio frankistaren eta Mugimendu Nazionalaren parte izan ziren beste erakunde batzuenak.

Hainbat euskal politikariri kargu garrantzitsuak emateaz gain, frankismoak interes berezia izan zuen Euskal Herriarekiko. Lehenik eta behin, haren industrializazio indartsuaren ekarpen ekonomikoagatik, baina baita Francoren beraren atsedenleku gisa ere, beti esanahi politiko handia izan zuena. Estatuburuak Donostia hobetsi zuen udan atseden hartzeko, iraganean Alfontso XIII.ak bezala. Gipuzkoako hiriburuan, diktadoreak aste batzuetako oporraldia gozatu ohi zuen Aiete jauregian, Azor yatean nabigatzen eta arrantzan.

2. EUSKAL ELIZA

Frankismoak Euskal Herrian izan zuen babesa aztertzeko esparru konplexuenetako bat Eliza da. Elizak erregimenarekin zuen harremana ez zen denean berdina, eta aldatuz joan zen denboran zehar. Oro har, Euskal Herriko eta Espainiako elizaren hierarkia leiala izan zen Francorekin, eta legitimaziorako eta kontrol sozial eta moralerako tresna pribilegiatua eman zion diktadurari, batez ere "Espainiako mirari ekonomikoa" deritzonaren eta gatazka sozial eta politikoen berpiztearen garaira arte. Hala ere, aurrerago ikusiko den bezala, Euskadin, hasieratik elizako sektore batzuek distantzia hartu zuten eta diktadurak errepresaliatu egin zituen. 60ko hamarkadatik aurrera, frankismoaren aurkako eliz oposizioa areagotuz joan zen Euskal Herrian eta Espainiako gainerako lurraldeetan, eta funtsezko zeregina bete zuen Trantsizioko buruzagi politiko eta sindikalen sozializazio politikoan.

Euskal Herriko katolizismo sakonak gizartearen sektore garrantzitsu batek erregimen frankista berriarekin bat egitea erraztu zuen, balio tradizionalak ordezkatzen baitzituen. Nahiz eta, EAJren irmotasunari esker, kultua zabalik egon zen Euskadin gerrak iraun zuen hilabeteetan, eta bertan, errepublikanoen kontrolpean zeuden Espainiako beste leku batzuetan ez bezala, ez zen erlijiosoen aurkako jazarpenik gertatu, Euskadin ere era horretako erailketak izan ziren, zehazki berrogei, ezkerreko batailoi taldeek egindakoak, frankistek fusilatutakoen kopurua baino hiru bider gehiago. "Ordenara itzultzea" nolabaiteko lasaitasun bat izan zen sektore kontserbadoreenentzat, bereziki karlistentzat, baina ez haientzat bakarrik, baita 1936ko uztailean, politikoki eskuindarren balio tradizionalenetatik aldenduz, nazionalismoa Errepublikarekin lerrokatzea nahigabez bizi izan zuten guztientzat ere.

Eliza katolikoa zutaberik sendoenetako bat izan zen Gerra Zibila benetako Gurutzada Erlijiosotzat hartu zuen erregimen harentzat. Elizaren eta frankismoaren arteko lotura hori konkordatu baten bidez formalizatu zen juridikoki (1953). Konkordatuak elkarri laguntzeko araubidea ezarri zuen. Espainiako gobernuak konpromisoa hartu zuen Elizari "gizarte perfektu" gisa subiranotasuna eta independentzia bermatuko zioten tresna guztiak emateko, bai eta haren ustez gizartea printzipio katolikoen inguruan egituratuko zuen birkonkistaren teologia gauzatzeko aukera ere: beste edozein erlijio debekatzen zuen; erlijioaren irakaskuntzaren derrigortasuna berresten zuen, eta Elizari hezkuntza, eskolako eta unibertsitateko programak eta argitalpenak kontrolatzeko eskubidea ematen zion; Estatuak kleroa mantentzeko eta Elizaren ondare gaitasuna bermatzeko erantzukizuna bere gain hartzen zuen; eliz agintarien esku uzten zuen iritzi publikoko organoek erlijioaren araberako egia azaldu eta defendatzeari espazio egokia eman diezaioten zaintzeko funtzioa, baita beren presentziarekin ere, eta erakunde apostolikoen alde elkartzeko eskubidea baieztatzen zuen. Ordainetan, Elizak Francoren aldeko otoitz publikoaren errituala ezartzeko konpromisoa hartu zuen, ohore liturgikoak emanez, eta Estatuak gotzain egoiliarrak izendatzeko aurkezpen pribilegioa deiturikoa mantendu zuen, zeinek leialtasun politikoaren zina egin behar baitzuten (Sáez de la Fuente, 2001: 274).

Konkordatuaren babesean, Eliza *mesogobernu kultural eta moral* moduko bat bihurtu zen: dena berronetsi eta pertsonen jokabide publiko eta pribatuan eragin nahi zuen (Pérez Díaz, 1993: 170). Goitik, birkatolizazio eta birsakralizaziorako programa bat zirriborratu zen, hainbat sozializazio mekanismo erabiliz. Horietako lau azpimarratu ditzakegu: hezkuntza sistema, prentsa, laikoen elkarteak, eta sinbolo, jardunbide eta erritoak (Sáez de la Fuente: 2001: 274-276).

1. Hezkuntzari dagokionez, eliz erakundeak irakaskuntza ertaineko eta unibertsitateko ikastetxe ugari zituen. Izan ere, Euskadin ikastetxe erlijiosoek garrantzi handiagoa zuten eskola publikoen aldean Espainiako beste eskualde batzuetan baino (Davila eta Naya, 2013: 374). Frankismo garaian, irakaskuntzak nabarmen egin zuen aurrera, eta kongregazio batzuk erregimeneko familia politikoen harrobiaren sustatzaileak izan ziren, eta era guztietako erakunde profesional, kultural, sindikal, ekonomiko eta politikoetako etorkizuneko liderrenak ere bai. Gainera, Eliza katolikoak presentzia nabarmena izan zuen eskola publikoetan erlijioaren irakaskuntzaren bidez eta testuliburuen gaineko kontrol moralerako eta zentsurarako eskubidearen bidez, eta familia eremuan ere izan zuen presentzia, Espainiako eta, bereziki, Euskal Herriko gizarte guztiz erlijiosoan. Esparru horretan, genero rolak oso ikuspegi patriarkaletik bereizten ziren eta horrek modu erabakigarrian baldintzatu zuen feminitate eredua "etxeko aingeru" gisa eta emakumeen zeregina balio erlijioso eta patriotikoen transmisore gisa.

2. Prentsa katolikoak ez zuen organo entzutetsurik, baina kalitatean eta independentzian galdu zuena kuantitatiboki irabazi zuen bere hedabide sarearen hedapenagatik: egunkariak (adibidez: *Ya* eta *La Gaceta del Norte*), aldizkariak, argitaletxeak, kazetaritza agentziak eta irratiak.

3. Bai Euskadin, bai Espainian, laikoen elkarteak izan ziren eremu publikoan Estatuarekiko eta Falangearekiko independente samar bakarrak. Gerraostean, Ekintza Katolikoa erregimen berriaren doktrinarekin lerrokatu zen. Francoren aginduetara egoteko asmoz aurkeztu zen haren aurrean, garaileen bandoko kide zela azpimarratuz, helburu zuelarik gotzainen eta kleroaren aginpidea indartzea mugimenduan eta haren hedapenean gizarte osoan. Garai hartan, izaera paramilitarra hartu zuen; desfileak, estandarteak eta intsigniak gailentzen ziren, katolizismo garaile baten sinbolo alegoriko gisa. Langileen artean heresia marxista erauzteko eta kristautasuna berrezartzeko armada moduan agertzen zen.

Propagandisten Ekintza Katoliko Nazionala (ACNP) eta Opus Dei erakunde elitistak ziren, eta laikoen heziketan jarduten zuten, bizitza publikoan parte har zezaten, zibilizazio kristaua defendatzeko zuten misioaren ildotik. Printzipio horrekin, bi elkarte horiek botere politiko eta sozialaren egituretan sartu ziren: hezkuntzan, prentsan, enpresa pribatuetan eta gobernuan. Alde esanguratsu bat dago bien artean: bakoitzak zein unetan izan zuen pisu espezifiko handiagoa ministerioetan, sistema frankista legitimatzeko tresna gisa. ACNP izan zen nazioarteko desblokeoaren eta demokrazia organikoa deiturikoaren diseinuaren protagonista nagusia, Konkordatua sinatzea ahalbidetu zuenez gero. Opusek, bere aldetik, 1957ko krisi ekonomikoa konpondu zuen eta, ikasle eta langileen matxinaden giroan, garapen etapa eraman zuen aurrera.

4. Sinboloen, jardunbideen eta erritoen esparruan, herri misioak, penintsulako bazter guztietara iritsi zirenak, eta gogo jardunak bultzatu ziren; irudi eta jai erlijioso tradizionalak berrezarri ziren; norbere burua Jesusen eta Mariaren bihotzei eskaintzea zabaldu zen; santu zaindariak izendatu ziren eta ermandadeak eta kofradiak sortu ziren, batez ere Aste Santuan bultzada handia izan zutenak. Katekumenotza prozesuetan eta liturgietan, Elizak identitate erlijiosoaren eredu morala transmititu zuen, betiereko salbazioa/betiereko kondenazioa binomioan eta beldur, bekatu, erru eta penitentzia kontzeptuetan oinarritua. Halabaina, birkatolizazio asmoek ez zuten arrakastarik izan; izan ere, hainbat ikerketak erakusten dutenez, ez zen joera aldaketa nabarmenik gertatu, eta katolizismo soziologiko bat nagusitu zen, batzuetan artifizioz, itxuraz eta erresuminez betea. Horrek azaldu dezake 60ko eta 70eko hamarkadetako sekularizazio bizia.

Ikuspegi politiko-erlijiosoa

Monsinore Laucirica Gasteizko Elizbarrutiko Administratzaile Apostolikoaren lehenengo zirkularra, 1937ko urriaren 1ean

"Amaitu da Espainiako Martiriak deitoratzen zuen parentesia. Espainia Misiolaria, Inperioko Espainia, bere distira guztiarekin sortu da berriro, eta beharrezkoa da gure iraganeko loriekin lotzea. Gure jeneral eta soldaduek gure Urrezko Aroko duintasuna dute; orain, haiek eta guk Kristoren misiolariak izan behar dugu. Garai bateko konkistetan gerra eta misio ekintzak batera zihoazen; gaurko konkistetan ez da bestela izango".

Monsinore Lauciricaren hitzaldia Bilboko Bigarren Hezkuntzako Institutuan gurutzea berriro jartzeko ospatu zen jaian, 1937ko abenduaren 1ean

"Espainiako Elizan eta Aberrian bildu behar dira maitasun guztiak. Espainia esatean, Eliza diot. Gure aberriarekiko maitasunean dautza Elizarekiko maitasun handiak. Espainia maitatzea handiena eta gorena maitatzea da. Espainia arbuiatzea sakratuena mespretxatzea da. Espainia eta haren Eliza benetan maite dituenak irabaziko du saria lur honetan eta zeruan. Eskola-umeak: Espainia maitatu eta Jainkoa maitatuko duzue, eta Espainiak zoriona emango dizue lurrean, eta Gure Jaunak loria Zeruetako Erresuman".

Iturria: Eusko Ikaskuntza (datarik gabe).

Itzulpena eskolako testuetan	
Antonio Fernández, "Altxamendu loriatsua" (1951)	**Antonio Álvarez, "32. ikasgaia" (1966)**
"1936ko uztailaren 18an, Espainia hiltzeko zorian zegoela, bere fedearen, tradizioen eta ondare espiritualaren etsaiengatik, Espainiako herria altxatu egin zen jainkotiar hatsak astinduta, Francoren ondoren botere arrotzek zuten lurra erreskatatzeko prest. […] Eremu gorrian elizak suntsitu, apaizak hil, kultua deuseztatu eta Aberria desegiten da; Espainia nazionalean, berriz, herriaren sentimendu katolikoak goratzen dira, Aberriaren jainkozko batasunaren alde borrokatzen da, gure aintza inperialak haizatzen dira, eta guduak egiten dira gure anaia engainatuen arimak materialismo ateoan ito ez daitezen. […] Soldaduek hegoak zeramatzaten bihotzean eta maitasun sutsuak balloneten puntetan, eta, udaberriaren atarian, Garaipenak erramuz koroatu zituen armadaren lokiak, bere buruzagi garaiezinaren lokietan. Komunismoaren aurkako garaipenaren ondoren, lurralde eta izpiritu batasuna lortuta, Espainiako herriaren lurra inbaditzaileetatik libre, nazioartean dugun ospea sendotuta, ekoizpena suspertuta eta aberastasun iturriak babestuta, etorkizunak bake eta ongizate urteak eskaintzen dizkio Espainiari, non berriz ere munduaren aurrean lema eta gidari izango den.	[…] Alfontso XIII.ak hamasei urterekin ekin zion bere erregealdiari. Argia, abertzalea eta katoliko ona, ondo gobernatuko zukeen, baina alderdien borroka politikoek eta istilu sozialek eragotzi egin zioten. […] […] Espainia inbaditzen zuten greba eta desordena oldeekin amaitzeko, Primo de Rivera jeneralak Diktadore izendatu zuen bere burua 1923an. Diktadurak zazpi urte iraun zuen eta onura handiak ekarri zizkion nazioari. Primo de Riverak boterea uztean, monarkia mehatxupean geratu zen, eta udal hauteskundeen ondoren, Alfontso XIII.a tronutik kendu zuten eta Espainian bigarren Errepublika aldarrikatu zen. […] Espainiako Bigarren Errepublika 1931n aldarrikatu zen. Iraun zuen bost urteetan erlijioari etengabe erasotzea eta mota guztietako gehiegikeriak eta harrapaketak izan ziren ezaugarri nagusiak. […]
Iturria: Fernández (1951).	Iturria: Álvarez (1966).

ARIKETA 1

Aurreko testuetan agerian geratu da frankismoa eta Eliza herritarren jokabide publikoa eta pribatua moldatzen ahalegindu zirela, erregimenaren alde. Era berean, argi gelditu da, ideal ideologiko-politiko fundatzaileen arabera erabakitzen zela zer testu sartu eskolako testuetan zein utzi kanpoan, 50eko eta 60ko hamarkadetan ere bai. Testu horiek irakurri ondoren, hausnartu gai hauetaz:

- Zein dira pertsona bat abertzale on edo txar bihurtuko luketen nortasun eta portaera ezaugarriak?
- Nola eragiten dute ikuskera horiek Gerra Zibilaren eta Francoren diktaduraren aurreko iragana kontatzeko moduetan?
- Nola lagundu zuen hezkuntza mota horrek berrogei urtez luzatu zen diktadurari oinarri sozial bat eraikitzen laguntzeko?

Lotura horietan sakontzeko, *El florido pensil. Memoria de la escuela nacional católica* (Andrés Sopeña, 1994) irakurtzea gomendatzen dugu. Tanttaka euskal taldeak antzerkira eraman zuen (1996) eta Juan José Portok zinemara (2002).

Pilar Primo de Riveraren hitzaldia Medina del Campon (1939)	***Consigna* aldizkaria (1957)**
"Emakumeei seme-alabak zaintzen erakutsiko diegu, ez baitu barkamenik ezjakintasunagatik hiltzea Jainkoaren zerbitzari eta Espainiako etorkizuneko soldadu diren hainbeste haur. Etxea nola egin ere erakutsiko diegu, eta eskulanetarako eta musikarako gustua. Jose Antoniok espainiar guztientzat nahi zituen izateko modu horiek barneraraziko dizkiegu, horrela, haurrak dituztenean, Jainkoarenganako maitasunean eta Falangearen izaera horretan hezi ditzaten. Eta belaunaldi baten bueltan, haiek eginagatik, txikitandik uniformea jantzita zeraman haur hura, bere umetako ipuinen artean gerraren eta Caudilloaren historia eta Jose Antonioren bizitza eta heriotza entzun zituena, helduarora iristean gizon zentzuduna izango da eta bere baitan sartuta izango du jada gure Iraultzaren estilo hori. Hain sartuta ze ez du atzera begiratuko gurasoek egin zutena ikusteko, hori lortuta egongo baita, eta itsasora begira jarriko da zer gauza berri egin behar diren ikusteko".	"Batzuetan emankorragoa, zoragarri emankorragoa eta baliotsuagoa izan daiteke gure aurretik hainbeste emakumek egindako bide zahar eta zaila: beste bati laguntzeko zeregin txikiaren anonimotasunean beren burua galtzea. Nork bere burua nahita ahaztu behar du, beste bat goraipatzeko. Bere talentua lurperatu […] beste baten talentuari on egin diezaion. Norberaren gustuak besteen gustuetan urtu".
Iturria: Rodríguez (2017).	Iturria: Rodríguez (2017).

ARIKETA 2

Pilar Primo de Riveraren hitzaldia eta *Consigna* aldizkariko (Falangeko Emakumeen Saileko propaganda argitalpenetako bat) zatia irakurri ondoren, hausnartu galdera hauen inguruan:

- Zeintzuk dira erregimen frankistak bultzatutako feminitate ereduaren ezaugarriak? Zeintzuk ziren emakumeei esleitutako zeregin nagusiak? Zer subjektu mota nahi zuten emakumea izatea?
- Zure ustez, feminitate eredu horrek nola lagundu zion erregimenari eusten?

Begiratu diezaiogun orain euskal kasuari eta elizaren kontrol mekanismoei. Gasteizko elizbarrutia ordena politiko nagusi berrira egokitzeko, ordura arte Valentziako gotzain laguntzaile izan zen Francisco Javier Laucirica Torralba bizkaitarragana jo zen. Francok honela esan zuen: "Badut Gotzaina Gasteizerako. Jainkoaz mintzatuz Espainiaz mintzatuko den gizona". Geroago, Lauciricak honako hau adierazi zuen:

> Nazionalismoa (Euskal Herrikoa), Elizatik eta Jainkoarengandik aldendu eta Espainiaren eta Erlijioaren etsaiekin besarkada kriminalean bat egin zuenez, Euskal Herriak ez ezik, benetako Espainiak ere pairatu behar izan dituen gaitz guztien eragilea izan zen (Euskal Herria) hartatik askatzea hainbeste odol eta sakrifizio kostatu baitzitzaion (cfr. Eusko Ikaskuntza, 1937).

"Espainia inperial bat" eraikitzeko misioarekin bat egiteko eskatu zien euskaldunei. Elizbarrutian sartzeko idatzi zuen gutun pastoralean fededun guztiei dei egin zien Franco buru zuen Mugimendu Nazionalean sartzeko eta argi esan zuen Espainia zela euskaldunen aberri bakarra.

Geroago, 1949ko azaroan, Aita Santuaren bulda batek Bizkaia eta Gipuzkoa Gasteizko makroelizbarrutitik bereizi zituen. Erregimen frankistaren eta Egoitza Santuaren arteko negoziazio neketsuen ondoren hartutako erabaki horren atzean ez ziren arrazoi pastoralak bakarrik egon; Espainiako Gobernuaren arrazoi politikoak ere egon ziren, euskal Eliza modu eraginkorragoan kontrolatzen saiatzeko, teorian askoz erabilerrazagoa baitzen hiru barrutitan banatuta. Berrantolaketa horren ostean, Bizkaiko elizbarrutira Casimiro Morcillo madrildarra, prokuradore, estatu kontseilari eta Espainiako Gotzainen Batzarreko presidentea etorri zen, benetako pisu astuna; Donostiakora Font Andreu katalana, eta Gasteizkora José María Bueno Monreal aragoiarra. Hori mesfidantzaz ikusi zuen euskal kleroaren sektore zabal batek.

Baina Euskal Eliza ez zen bere hierarkia bakarrik. Anabella Barroso historialariak egoki adierazi duen bezala, Euskadiko kleroa gerra osteko "garaile eta garaituen" artean banatutako kleroa izan zen. Mundu katolikoko sektore bat, nazio arazoekiko eta gizarte arazoekiko sentikorragoa, Vatikanoari zuzendutako gutun baten bidez (Barroso, 2001) goiz agertu zen (1944) erregimenaren gehiegikeriatzat jotzen zuenaren aurka. Lehenengo protesta mugimendu horrek, berehala itzali bazuten ere, argi ohartarazi zuen frankismoa euskal kleroaren sektore batean indarrez pil-pilean zegoen izpirituaz. Egia esan, euskal kleroaren sektore baten eta erregimenaren arteko tirabira, batez ere, lehenengoak autonomia guneak eta nolabaiteko mugimendu eta ekintza askatasuna eskatzeagatik gertatu zen. Euskal Elizak presentzia handia zuen Euskadiko errealitate sozialean erakunde sendoen bidez: Ekintza Katolikoko Langile Ermandadea (HOAC) lan munduan eta eskautak gazteen munduan. Horren ondorioz, tirabira hori oso goizetik gertatu zen eta Espainiako beste leku batzuetan baino eragin handiagoa izan zuen. Faktore nazionalista garrantzitsua izan zen, zalantzarik gabe, baina, batez ere, erabakigarria izan zen bai apaizak bai kontsiliarioak "kalean" zeudela, euskal gizartearen eta behe klaseen arazoetatik hurbil, eta jarraitzaile asko zituztela. Horrek, ezinbestean, talka egin zuen erregimen frankistarekin eta elizaren hierarkiarekin. Tirabira horien garrantzia mugimendu apostolikoen barruko doktrina eta belaunaldi aldaketaren testuinguruan kokatu behar da; izan ere, masen erlijiotasuna indartzeko Francoren ezkutari leialak izatetik, ahulgune nagusietako bat izatera igaro ziren, askatasun, demokrazia eta justizia sozialari buruzko aldarrikapenak egiten baitzituzten.

1960an, Agirre lehendakaria erbestean hil zen urte berean, eta ikasle talde batek ETAren sorrera bultzatu eta hilabete batzuetara, 339 euskal apaizek manifestu bat sinatu zuten Espainiako herriaren eta euskal herriaren oinarrizko askatasun eta eskubideen alde. Dokumentuak, Espainiako prentsan zentsuratua eta atzerriko prentsak zabaldua, Gobernuaren alarmak piztu zituen, erregimenaren lorpenen propaganda ofizialari kontra egiteko saiakeratzat hartu baitzuen, Espainiak nazioarteko onarpena lortu eta ekonomia aireratzen hasia zenean. Era berean, Bilboko, Donostiako eta Gasteizko gotzainek gutunaren ustezko faltsukeriak eta izaera politikoa salatu zituzten. Gobernuak zuhurtziaz jokatu zuen bere irudia gehiago ez konprometitzeko, baina elizbarrutietako agintariek hainbat zigor eta errepresio neurri erabili zituzten, apurka-apurka eta iritzi publikora iritsi gabe, hala nola lekualdaketak, gotzainik edo haren ordezkaririk gabe abadeen arteko bilerak egitea debekatzea edo euskal elizbarrutietako argitalpenak eta buletinak zentsuratzea, elizaz kanpoko gaien tratamendua saihesteko. Hala ere, homilia eta idazki klandestinoek gero eta gehiago jartzen zituzten kolokan eliz agintariak eta haien zilegitasuna (Barroso, 2001: 89-91).

Euskal 339 apaizen gutuna (1960)

Aspaldian ez da euskal apaiz talde batek sinatutako agiririk argitaratu. Isiltasuna gaizki interpreta liteke, eta agian erantzukizunik gabeko kontzientzia bati egotz lekioke, gizakiaren egia, justizia, askatasun eta duintasunaren postulatuak aldarrikatzeko betebeharra sentitzen dugunon jarrera zintzo eta irekia eskatzen duten egitate eta gertaeren aurrean. Ez dugu nahi isiltasunagatik guri konplizitatea leporatzerik. [...]

Gizakiaren duintasun bortxaezinetik sortzen dira gizakien eta herrien eskubide natural guztiak. Haietakoak dira bizitzeko eskubidea, familia bat eratzeko eskubidea, lan egiteko eskubidea, emigratzeko eskubidea. Haietakoak dira kontzientzia askatasunerako eskubidea, prentsa askatasunerako eskubidea, asoziazio askerako eskubidea, etab. Askatasuna Estatuak aitortu eta errespetatu beharreko eskubiderik sakrosantuenetako eta bortxaezinenetako bat da. Askatasunaren kontzeptu kristau osoan nahitaez sartzen da, eta publikoki aldarrikatzen dugu, kontzientziaren bortxaezintasuna. Gure ustez, ez da zilegi giza kontzientziak maneiatzea, dela indarkeriaren bidez haien sekretuetan sartuz, dela bizipen arrotzez kargatuz arrazoizko prozedurekin zerikusirik ez duten metodoen bidez; ez da zilegi torturatzea, drogatzea, burmuinak garbitzea, ez eta iritzi publikoa super-propaganda baten presioaren mende jartzea ere, pertsonaren duintasun transzendentalarekiko errespetua ezagutzen ez duten teknika psikologikoetan oinarrituta. [...]

Askatasuna gizaki ororen eskubide sakrosantu gisa defendatzean, herri ororen, talde etniko ororen, nortasun fisiko edo moral ororen askatasun eta autodeterminazio eskubidea ere defendatzen dugu, lege naturalak eta eskubide positibo-jainkotiarrak ezarritako bideen barruan.

[...]

Benetan uste dugu Espainiako komunitate politikoa osatzen duten gizabanakoek, klaseek eta herriek ez dutela askatasun nahikorik. Begiak ireki besterik ez da behar errealitate tristea ikusteko. Etengabe ikusten dugu pertsonak atxilotu dituztela Estatuak ezarritako norabide bakarreko pentsamendu politikoarekin bat ez zetozen aldi bateko jarduerengatik. Jendea atxilotu egiten da Gobernuaren iritzien aurkako iritzi politikoak publikoki eta are modu pribatuan azaltzeagatik. Eta egia adierazteko bitarteko normalak falta direnez, berez eskubide bat gauzatzea besterik ez dena delitu bihurtzen da [...]

Eta Espainian Estatua "totalitarioa da Aberriaren integritatearen zerbitzura". Aberria da "errealitate gorena", Estatuaren eta nazioaren borondatearen haragitzea da. Erlijiotik dogmatismoa kopiatuz, nagusiarentzako hutsezintasuna ezartzen du, hortik datozen ondorio guztiekin.

Espainiako prentsa, [...] iritzi publikoa deformatzeko tresna da. [...] ez du onartzen Euskal Herriko indar politiko, ekonomiko edo sozialen jardunari buruzko iritzi lasairik ematea, ez eta aldebakarreko propagandei aurre egitea eta lege naturalarekin eta jainkoaren legearekin bateragarriak diren ideologiak eratzea ere. Iritzia emateko eskubidea nahierara murrizten du. [...]. Iritzi publikoa eratu eta zabaldu beharrean, haren berezkotasun oro itotzen dute odol hotzean eta ideia eta judizioekiko konformismo itsu eta otzan bihurtzen dute. Ezin diogu utzi gure Herriaz, Euskal Herriaz, modu berezian hitz egiteari, geure herria baita eta bertan egiten baitugu apostolutza. Euskal apaizok Gaztelako apaizak Gaztela maite duen eta Ugandako Gotzainek Jainkoak haientzat nahi izan duen giza familia maite duten erruki natural eta kristau betebehar berberaz, eskubide berberaz maite dugu gure herria. [...]

Hortaz, orain espainiarren eta mundu osoaren aurrean salatzen dugu, gaur egun Espainian nagusi den politika, euskal herritarroi Jainkoak eman zizkigun ezaugarri etniko, linguistiko eta sozialen preterizio, ahanztura edo jazarpen politika latza. Eta hori inoren probetxurik gabe eta gure interesik gorenei, izpiritualei, kalte nabarmena eraginez.

Monumentu nazional bateko harriak beren arkitekturaren edertasunagatik eta landu zituen garaiko arimatik gordetzen duten islagatik zaintzen badira, euzkerak, euskal herriaren ebanjelizaziorako eta kulturarako beharrezko tresnak, eskubidea du Elizaren eta zibilizazioaren aurrean, bizitzeko eta landua izateko eskubidea, eta eskubide hori ez ezagutzeak kontraesan zentzugabea eta lotsagabea salatuko luke Elizan, eta gizartean politika erreakzionarioa eta gizakien aurkakoa, genozidiorainokoa.

Kontraesan nabarmena dago gizakiari buruzko doktrina katolikoaren eta ofizialki bere burua katoliko izendatzen duen erregimen batek, Espainiako Hierarkia Katolikoaren babespean, dotrina hori ez betetzearen artean. [...]

Kristautasunaren errealitatea bake sentimenduz eta botoz beterik dago, Jesukristo "Bakearen Printzea" da. Horixe da gure nahirik handiena eta asmorik handiena, izpirituen baketzea. Egiak eta karitateak izpirituak baketzea. Gure herriak hori behar eta nahi du.

ARIKETA 3

339 euskal apaizen gutunak agerian uzten du euskal kleroaren sektore baten jarrera eta horrek Elizaren hierarkiarekin eta erregimenarekin planteatzen zuen haustura.

- Identifikatu zein diren planteamenduaren funtsezko gakoak.
- Nola kontrastatzen dute gako horiek monsinore Lauciricak bere hitzaldietan urte batzuk lehenago adierazi zituen ideiekin? Zein dira antzematen diren funtsezko aldaketak?
- Nola uztartzen dira 339 abadeen gutunean askatasunik ezaren salaketa eta euskal herriaren eta espainiar herriaren eskubide zibil eta politikoen defentsa? Nor aurkezten da erregimen totalitarioaren biktima gisa?
- Zer iritzi ikusten da askatasunik ezari aurre egiteko eta herriaren eskubideak defendatzeko modu legitimoei buruz eta, bereziki, indarkeriaren erabilerari buruz?

Kontrastean eta salbuespen batzuk kenduta, euskal elizaren hierarkia leial mantendu zitzaien nazionalkatolizismoaren postulatuei, gutxienez diktaduraren azken txanpara arte. Hirurogeiko hamarkadako gotzainek ez zuten jarrera kritikorik agertu erregimenaren aurrean, guztiz kontrakoa. Horren erakusgarri dira Francisco Peralta Gasteizko gotzaina 1955 eta 1979 bitartean, Pablo Gurpide Bilboko elizbarrutiaren burua 1956 eta 1968 bitartean, eta Font y Andreu eta Alonso Bereciartúa Donostiako apezpikuak 1963 eta 1968 bitartean.

Dena dela, gizartea, eta ez Espainiakoa bakarrik, aldatzen ari zen. Vatikanoko II. Kontzilioaren (1962-1965) eraginek eta hirurogeiko hamarkadan Espainian, eta bereziki Euskal Herrian, gertatu zen sekularizazio prozesu azkarrak ondorio itzelak izan zituzten. Doktrinari dagokionez, Kontzilioak, *aggiornamento*ra —garaiko zeinuetara egokitzera— deituz, Eliza unibertsala gizarte eta kultura modernoarekin adiskidetu nahi zuen. Horretarako, askatasun, aniztasun, tolerantzia eta demokrazia printzipio ilustratuak bere egin zituen. Horren itzulpen teologiko eta eklesiologikoa errekonkistaren ikuspegia —nazionalkatolizismoarena— misioaren ikuspegiarekin ordezkatzea izan zen; horrek Eliza garaileari edo boteretsuari uko egitea zekarren behartsuen lehentasunezko aukeraren mesedetan (Sáez de la Fuente, 2001: 279).

Aurreko hamarkadetan euskal probintziak eta Nafarroa Espainiako Elizarentzat bokazio erlijiosoen hazitegi garrantzitsuenetako bat izan baziren ere, apaizgaien kopurua amiltzen hasi zen. Derioko seminarioa, zeina 1960ko urrian inauguratu zen mila apaizgai baino gehiago hartzeko, ia hutsik geratu zen hamarkada baten buruan. Aurreko urteetan prestatutako apaiz askok sotana utzi eta bizitza berri bati ekin zioten. Beste batzuk, apaizgoa utzi gabe, frankismoaren aurkako politikan buru-belarri inplikatu ziren, lan gatazketan murgildutako langileei laguntzeko, baina baita abertzaletasunari eta sektore jakin batek ETAren planteamendu erradikal eta baztertzaileei babesa emateko ere.

1968ko ekainean Guardia Zibilak Txabi Etxebarrieta tiroz hil zuenean, hark José Antonio Pardines hil ondoren, ETAko lehen "heroi martiria" jaio zen. Mezu ebanjelikoa parafraseatuz eta manipulatuz, erakundeak zera esan zuen Etxebarrietari buruz: "Kristoren zentzu berean, 'beren egintzetatik antzemango diezue' [...] herriaren haragia egin zen, eta guztiari uko egin zion, borondatez, [...] bere bizitzari uko egin eta herriaren zerbitzura jarri zuen" (cfr. Sáez de la Fuente, 2002: 137). Hurrengo egunetan mezak egin ziren euskal geografiako hainbat herritan; apaiz batzuek Etxebarrieta eta Jesukristo alderatu zituzten.

Bi hilabete geroago, 1968ko abuztuan, erakunde terroristak odol hotzean hil zuen Melitón Manzanas, Gipuzkoako errepresio frankistaren ageriko burua. Planifikatutako ETAren lehen atentatua izan zen. Horri erantzunez, Gobernuak salbuespen egoera dekretatu zuen, urte batzuk lehenago euskal probintzietan sortu ziren lan gatazka garrantzitsuak baretzeko aplikatu zuen neurri bera. Horren ondorioz, Poliziak atxiloketa ugari egin zituen errudunak aurkitzeko. Euskal kleroaren sektore bat mobilizatu egin zen tortura kasu ugari izan zituen olatu errepresibo haren aurka, eta itxialdi eta protesta batzuk sortu ziren, 1970era arte hedatu zirenak.

Protesta horiek guztiek eta euskal kleroaren sektore gero eta zabalagoak ETAren indarkeriazko jarduera legitimatzen lagundu zuten, garai hartan "euskal herriaren kausa" izendatu zenaren alde. Juan Aranzadi antropologoaren hitzetan, "mistika abertzaleak eta indarkeriak ordezkatu zituzten lehen euskaldunen erlijiotasun bizia adoretzen zuten bulkada mesianiko eta erredentoreak" (Aranzadi, 2000), eta prozesu horrek hilabete batzuk geroago lortu zuen adierazpenik gorena, ETAko hamasei gazte, tartean bi erlijioso, akusatuen aulkian eseri zituen Burgosko Epaiketan. 1970eko abenduan gertatutakoak ia dena aldatu zuen Euskadin. Euskal gizartearen sektore gero eta zabalago batentzat, erakunde hartako militanteak antifrankisten belaunaldi berri baten ordezkariak ziren, erregimenaren zapalkuntzaren aurka borrokatzen zirenak eta Euskal Herriaren askatasunak defendatuz hiltzeko prest zeudenak.

Baina euskal elizaren hierarkiaren eta diktaduraren arteko liskarrik latzena frankismoaren azken urteetan gertatu zen, jada erregimena hilzorian zegoela, eta Añoveros Bilboko gotzainak protagonizatu zuen, 1974ko otsailaren 24an Bizkaiko parrokia guztietan irakurri zen homilia idatzita: "Kristautasuna, herrientzako salbazio mezua". Testuaren puntu batean honako hau esaten zen: "Espainiako estatuko gainerako herriak bezalaxe, euskal herriak ere eskubide osoa du berezko nortasuna mantentzeko, bere ondare espirituala lantzeko eta garatzeko, bidezko askatasuna aitortuko dion antolamendu soziopolitiko baten barruan" (Añoveros, 1974). Gobernuko presidenteak, Arias Navarrok, ETAk Carrero Blanco hil eta gero kargura iritsita, berehala erreakzionatu zuen, hitz horiek Espainiaren batasunaren aurka egiten zutela ulertuta, eta apezpikua eta haren bikarioa, Jose Angel Ubieta, etxean atxilotzeko agindu zuen, herrialdetik kanporatuak izan zitezen. Añoverosek agindu hori ez betetzeak erregimenaren krisi garrantzitsuenetako bat ekarri zuen. Orduan, Tarancon kardinalak esku hartu zuen: Apezpikutzaren Batzorde Exekutiboa deitu eta ohar bat prestatu zuen, "zuzenean edo zeharka gotzain baten eliz jurisdikzioa eragozten zuten"entzat eskumiku zigorra zegoela gogorarazteko (Louzao, 2023: 123-124).

Espainiako Elizaren hierarkiaren eta Estatuaren arteko pultsua erregimen frankistaren eta Egoitza Santuaren arteko harremanen haustura ekartzekotan egon zen. Hala ere, azken unean egoera bideratzea lortu zen, Francoren eskuhartzeari esker, haustura horrek erregimenarentzat ondorio latzak izango zituen beldurrez, une bereziki zail batean.

3. EUSKAL ENPRESARIAK ETA OLIGARKIA

Enpresa munduaren eta erregimen frankistaren arteko harremana esanguratsua izan zen, baina ñabardurak ditu. Euskal enpresariak ez ziren inoiz talde homogeneoa izan, ez Euskal Herriko industrializazioaren lehen faseetan, ez frankismo garaian. Ez ziren gauza bera eta ez zituzten interes berberak Neguriko oligarkia bizkaitarrak, probintzia horretako elite ekonomiko, politiko eta sozialaren talde hautatuak, eta enpresaburu txikiek. Lehenengoaren barruan ere, kide guztiak ez zetozen bat eta pertsona mota desberdinak zeuden: batetik deitura ospetsuak, Espainiako enpresa garrantzitsuenetako administrazio kontseiluetan zuzenean parte hartzen zutenak (herrialdean eragin eta pisu handiena zuten bi finantza erakundeetakoetan ere bai, alegia, Banco de Bilbao eta Banco de Vizcayakoetan) eta negozioetan eta presentzia publikoan hain entsutetsuak ez ziren beste batzuk. Gauza bera esan liteke Gipuzkoako enpresariei buruz; haietako asko makina-erremintaren sektorearekin oso lotuta zeuden, bizkaitarren profiletik oso urruti, baina, hala ere, eroso Gerra Zibilaren ondoren sortutako erregimen berriarekin.

Gaiaren konplexutasuna agerian geratu zen uztailaren 18tik bertatik. Probintzia beraren barruan ere portaera desberdinak izan ziren. Esaterako, José María Urquijo e Ibarra, *La Gaceta del Norte*ren jabea, Fernando María de Ybarra eta Isidoro Delclaux matxinatuen alde agertu ziren; aldiz, Sota familia, euskal nazionalismoari lotua, eta Pedro Chalbaud, Unión Española de Explosivos elkarteko presidentea, Errepublikarekin leial mantendu ziren eta, horregatik, ondasunak eta enpresak konfiskatu zizkieten. Kasu deigarriagoak ere izan ziren, hala nola Horacio Echevarrieta, Azañaren kolaboratzailea, gerraren amaieran bere jabetzak berreskuratu zituena, neurri handi batean Alemaniako agintariekin zituen harreman estuei esker, hogeiko hamarkadan haiekin negozioak egin ondoren. Hau da, ez zen egon portaera berdin bat, eta are gutxiago enpresaburu guztiek planifikatutako eta bultzatutako estrategia komun bat. Hala ere, gehienak erregimenarekin identifikatu ziren, eta erregimenaren alde egin zuten, edo, gutxienez, erregimenera egokitu ziren, ematen zizkien onurengatik. Hori ez zen soilik haien ideia edo sinpatia politikoen mende egon, beste faktore batzuek ere izan zuten zerikusia. Faktore horietan, oro har, interes ekonomikoak eta hamarkadetan zehar landutako harreman sareak nagusitu ziren; izan ere, sare horietako asko indartu egin ziren erregimen frankistak lehen urteetan sortu zuen egoera berriari esker.

Euskal industria astunaren egoerari mesede egin zion EAJk 1937ko ekainean hartutako erabaki polemikoak, alegia, Agirreren Gobernuarentzat dena galduta zegoela zirudienean industria suntsitzea galaraztea. Buruzagi jeltzaleek pentsatu zuten, Bizkaiko Labe Garaiak eta beste fabrika garrantzitsu batzuk leherrarazten bazituzten, Euskadi hondatuta geratuko zela. Baina neurri horrek Franco indartzen lagundu zuen gerraren une erabakigarrian, neurri handi batean armamentua ekoizteko balio izan zuen enpresa sarea izan baitzuen (Portilla eta Garmendia, 1988). Oso denbora gutxian, altzairuaren ekoizpena suspertzen hasi zen, eta, behin herrialdea "baketuta", Bizkaiko industria ohiko produkziora itzuli ahal izan zen. Horrela, euskal industriak behar zuen babes politikoa zuen, eta erregimenak herria aurrera ateratzeko ezinbestekoa zen industria.

Berrogeita hamarreko hamarkadaren erdialdean, euskal enpresarien zati batentzat, eta ez bakarrik elite garrantzitsuenak ordezkatzen zuenarentzat, nazionalismotik hurbilen sentitzen zenarentzat ere bai, erregimena modu batean edo bestean mesedegarri gertatzen zen. Hala islatu zuen Javier de Landaburuk, erbestean EAJren eta Eusko Jaurlaritzaren ordezkari nagusia izan zenak Europan, *La causa del pueblo vasco* (1956) lanean. Bertan bere kritikarik gogorrenak ez ziren erregimenarekin identifikatuago egon zitezkeen enpresari handiei zuzendutakoak, baizik eta nazionalismotik gertu zeudenei zuzendutakoak, ordenari eusten zion eta lan gatazkak ekiditen zituen diktaduraren pean lasai bizi baitziren.

Javier de Landaburu, *La causa del pueblo vasco* (1956)

Baina egia osoa esan behar dugu. Patroi euskaldun horietako askok, beren kontzientziaren sakonenean abertzaleak izan baitira edo baitira, Gerra Zibilaz geroztik bigarren izaera bat hartu dute, baina urte hauetako egun guztietan gatazkan daude izaera horrekin. Erregimen frankista arbuiatzen dute, sistemaren izaerak industriaren eta merkataritzaren arau tradizionalekin bat ez datozen kalkuluak, ahaleginak, dispendioak eta moralaren kontrakoak egitera behartu dituelako, baina bat datoz ausardia estraperlista eta maltzurrenaren trebetasuna bultzatu duen eta, aldi berean, lege penalaren bidez, langileen grebak saihesten dituen erregimenarekin [...]. Gaur egun, egoeraren bizioen aprobetxamenduari esker, burua distiratsu altxatu dute, eta ez atarramendu gutxirekin. Jabeen eta gerenteen artean badira abertzale izaten jarraitzen dutenak, baina ez dute diktadura erosoa desagertzeko gogo handirik, Euzkadira bizitza komertzial eta industrialera normaltasuna itzuliko duen euskal sistema demokratikoa etortzeko gogorik. Batzuentzat normaltasuna soldata baxua eta kontrolik gabeko irabazia da, kalitatearen iruzurra eta merkatu ofiziala zuzentzen duen funtzionarioarekiko konplizitatea.

Burges abertzale horien drama da Euzkadi aske bat nahi dutela, baina grebarik gabe, emoziorik gabe, buruhausterik gabe, oraingoa bezalako ordena sozialarekin, berdin dio hilerrietako bakea gogora ekartzen badu, baldin eta lehiakideek edo langileek egiten badute hildakoarena. Infernuzko zirkulu horretatik, kontzientzia gatazka horretatik, euskal ugazabak ezin dira libratu, zer gerta ere, adorearen, ausardia progresiboaren eta justizia sozialaren poderioz baino. Beldur baldin badira askatasun erregimen batekin langileek, gaur egungo miserietatik eta hertsapenetatik askatuta, mendekatzeko ideiak izango ote dituzten, ugazaba horiek, hemendik aurrera, beste era batera tratatu behar dituzte langileak, erabat sinistu dezaten ugazaba aberasteko barik komunitatearen onurarako lan egiten dutela; pentsa dezaten fabrika norberaren ondasuna dela, ugazabarena eta langileena, eta gizarteko komunitatearen ongizatean eragina duela.

Iturria: Landaburu (1956).

ARIKETA 4

- Landaburuk kritikatu egiten du euskal enpresarien sektore bat, hain zuzen ere, ideologikoki nazionalismoaren aldekoak izanik frankismoa sendotu ondoren erregimenak beren interes ekonomikoak asetzeko ematen zizkien abantailez baliatu ziren enpresaburuak. Argitu kritika horren gakoak testuan agertzen diren adibide zehatzekin.
- Liburu honen funtsezko planteamendua da erregimen frankista Euskal Herrian sostengatu zela ez bakarrik beldurrari eta errepresioari esker, baita babes sozialeko sareak eraikiz ere. Zein modutan datoz bat Landaburuen kritikak planteamendu horrekin?

50eko hamarkadaren amaieran eta Egonkortze Planaren babesean, Francoren erregimenak norabide liberalizatzailea hartu zuen eta horrek politika ekonomikoaren aldaketa ekarri zuen. Norabide aldaketa horrek mesede egin zien euskal enpresariei edo, zehatzago esateko, Euskadiko enpresei. Gerra Zibila amaitu zenetik, erregimenak industria berpizteko neurri batzuk sustatu zituen, hainbat lege ekimen bereziren bidez. Ezagunena Operación G., izan zen, Gipuzkoari zuzendua, eta geroago hiru probintzietara hedatu zen M.1 izenarekin. Esportazioak bultzatzeko diseinatutako neurriek, metalurgiaren sektorean batez ere, aukera eman zieten enpresaburuei merkatu nazionalean baino prezio merkeagoan dibisak lortzeko, garai hartan ezinbestekoa zen atzerriko teknologia eskuratzeko (García, Velasco eta Mendizabal, 1981: 108 eta hurrengoak). Aurrerago, M.5 operazioa siderurgia eta ontzigintza sustatzera bideratu zen. Bizkaiak izan zuen onura gehien, baina baita Gipuzkoak ere, non makina-erremintaren sektoreak erakunde frankisten babes irmoa izan zuen. Probintzia horretako enpresariek laguntzak jaso zituzten, bai Industria Ministerioarenak, bai Industria Institutu Nazionalarenak (1945etik 1962ra Joaquín Planell militar gasteiztarrak zuzenduak), eta, gainera, onurak hartu zituzten inportazioak ordezteko politikatik eta inportazio-esportazioko *royaltie*tarako baimenetatik. Politika ekonomiko berriak hirugarren probintziari ere, Arabari, mesede egin zion, industrializazio-prozesu bizia eta bizkorra bizi izan baitzuen (González de Langarica, 2009: 21-77).

Ildo horretan, esan liteke euskal enpresariek Espainiako gainerako enpresariek bezala jokatu zutela. Babes politiko sutsua baino gehiago, bien interesei mesede egin zien harremana izan zuten boterearekin. Beste ezeren gainetik, ordena soziala lehenesten zuten egonkortasuna eta garapen ekonomikoa bermatzeko. Hala ere, Francoren erregimenak nahita saihestu zuen botere politikoaren talde estuenean enpresa gizon nabarmenak sartzea. Kontseilari nazionalen erdiak eta gobernu desberdinetako kide izan ziren 111 ministroetatik 88 (% 79) Estatuko funtzionarioak ziren. Oso gutxi izan ziren negozioak eta politika uztartu zituzten agintariak. Nabarmenetako bat, hain zuzen ere, euskaldun bat izan zen, José María Oriol y Urquijo, Bilboko alkatea, prokuradorea, ekonomiako kontseilari nazionala, Hidroeléctrica Españolako presidentea eta Banco de Vitoriako eta Banco Español de Créditoko kontseilaria. Kargu horiei esker, 1956ko zerga erreforma sustatu ahal izan zuen (Cayón eta Muñoz, 2000: 419-423).

Baina euskal enpresa munduak erregimen frankistarekin izan zituen harreman onak ez ziren elite horien bitartez bakarrik gauzatu. Elite horiek —"Neguriko Inperioa"— Espainiako sistema ekonomikoaren oinarriak ezarri zituzten siderurgia, trengintza, sektore hidroelektrikoa edo bankuak bultzatuz. Baina beste batzuek ere izan zuten pisua, eta euskaldunen irudi positiboa, dinamikoa eta ekintzailea emateko balio izan zuten. Garrantzitsuenetako bat Arrasateko esperientzia kooperatiboa izan zen, aita Jose Maria Arizmendiarretaren (Molina, 2005) nortasun berezi eta karismatikoak bultzatutakoa. Gasteizko seminarioan hezia eta iragan abertzalea izanik, Bizkaiko apaiz honek inork ez bezala jakin zuen Propagandisten Elkarte Nazional Katolikoaren bitartez erregimen frankistarekin zituen harreman onak aprobetxatzen, enpresa proiektu garrantzitsuenetako bat abian jartzeko, denborarekin nazionalismoaren beraren identitate ezaugarrietako bat bihurtu zena, Mondragon Korporazio Kooperatiboa (MCC) taldea. Arizmendiarretaren ekimenak erregimen frankistaren "aniztasun mugatua" bezala uler zitekeena frogatu zuen, hau da, malgua zela langileen erredentzio kristau eta humanistaren alde zeuden sektore eta sentsibilitate batzuk onartzeko, betiere diktaduraren oinarriak kolokan jartzen ez bazituzten.

Politika ekonomiko berriak herrialdearen egoera orokorra hobetu zuen, langileena barne, aurrerago ikusiko dugunez. Hori guztia baliatu zuen erregimenak garai berrietara askoz ere gehiago egokitzen zen irudi moderno bat proiektatzeko, 1964an "XXV urte bakean" esloganaren bidez Espainia osoan egin zuen kanpainaren bidez islatu zena. Mezua argia zen: Franco zen mirariaren egile handia, nazioa Gerra Zibila ekarri zuen miseriatik eta liskarretik ateratzea lortu zuen, eta orain gizartearen modernizaziorako jauzi handiaren buru zen.

Hala ere, eslogan hark herrialdean gertatzen ari zenaren zati bat baino ez zuen islatzen, euskal probintzietan egosten ari zena barne. NO-DOan (filmen aurretik zineman halabeharrez proiektatzen zen erregimenaren albistegi propagandista) agertzen ziren ospakizunetatik haratago, beste errealitate bat zegoen. Bi urte lehenago, 1962an, greba garrantzitsu batek Asturiasko meatzaritza geldiarazi zuen, eta Euskal Herriko industrialdeetara hedatu zen. Gatazkak milaka langileri eragin zien, eta lan gatazken ziklo baten hasiera izan zen. Ziklo horrek lurraldea definitu zuen frankismoaren amaierara arte, eta gero eta kezka handiagoa zabaldu zuen, ez bakarrik diktadurari begira, baita diktaduraren lehen bi hamarkadetan bereizgarri izan zen "bake sozialaren" haustura beldurrez ikusten zuen enpresaburuen artean ere.

4. EUSKAL GIZARTEA DIKTADURARA 'EGOKITZEA'

Eta euskal gizartearen gainerakoa? Nolakoa izan zen haren jokabidea diktadurarekiko? Horretara hurbiltzeko, ezinbestekoa da funtsezko gai bati heltzea, hots, adostasun/egokitze sozialari (Del Arco, Fuertes, Hernández eta Marco, 2013). 50eko hamarkadaren erdialdetik aurrera, EAEko (eta Espainiako) gizartearen zati handi bat erregimenera egokitu zen, ematen zizkien onura ekonomiko eta sozialengatik. Horri esker, gerraondoko larrialdi egoeratik atera ziren, eta inguruko herrialde askotako klase ertainen pareko ongizate eta kontsumo ereduak eskuratu zituzten. Gaur egun ere, familia askotan "esker oneko sabelak" esamoldea erabiltzen da leialtasun horren zentzu utilitarioa agerian uzteko; fenomeno horri *frankismo soziologikoa* deitu diote aditu askok (Justel, 1992: 69). Horren irismena ulertzeko, lehenik eta behin, diktadurak lehen urteetatik gizartea erakartzeko baliatu zituen mekanismoen garrantzia eta zeregina aztertu behar dugu, baita mekanismo horiek denboran zehar nola aldatu ziren edo garai bakoitzean nola egokitu ziren ere; eta horrekin batera, Euskadiko bizi baldintzen bilakaera eta egoera sozioekonomikoa bera.

Gizarte politika eta, zehazkiago, laguntza politika izan zen frankismoak martxan jarri zituen ekimenak trebeki errentagarri egiten saiatu zen eremuetako bat, batez ere lehen urteetan. Garai horretakoa da Gerra Zibilaren ondorioek gehien kaltetutako herriak berreraikitzeko neurriak bultzatzea, hala nola Eskualde

Suntsituen eta Konponketen Zuzendaritza Nagusiak bultzatutako ekimena. Dena dela, Euskadin herri gutxi batzuk baino ez ziren onuradun izan: Gernika, Elgeta eta Eibar. Hala ere, gerraondoko miseriak eta beldurrak, gosea, errazionamendua eta estraperloa (ondasunen legez kanpoko merkatua) nagusi ziren garai hartan, nolabaiteko babesa eta legitimitatea bilatzera bideratutako edozein ekimenen irismena mugatu zuten, gizartearen funtsezko kezka biziraute a baitzen. Hor sartu ziren jokoan erregimenaren propaganda mekanismo garrantzitsuenetako batzuk, hala nola Auxilio Social izenekoa, emakumeen parte-hartze aktiboa izan zuen zerbitzu bat, Mugimendu Nazionaleko Emakumeen Atalean sartu arte, behartsuei laguntzera eta hezkuntza eredu frankista zabaltzera bideratua (Cenarro, 2014: 43-59; Molinero, 1998: 97-117).

Nolanahi ere, Francok Gerra Zibilaz geroztik behin eta berriz errepikatutako leloak (Barciela, 2023), "etxerik ez suterik gabe, ez familiarik ogirik gabe", denbora beharko zuen gauzatzeko. Baita Euskal Herrian ere, garai hartako lekuko batzuek deskribatzen dutenaren arabera.

Maria Izagirreren lekukotza (Sestao, 1922)

"Hilean pinta erdi bat olio ematen ziguten, eta guk banatzen genuen ogia, baina ondo kontatuta hura ere, txigorra zen, beltz-beltza. [...] Bai, etxeetatik, txartelarekin, txartela zulatzera edo numeratzera. Garbantzu kopuru txiki bat ematen ziguten. Miseria eta gose handia zegoen [...] sua egin ahal izateko, Labe Garaietara joaten nintzen zinkezko baldea hartuta galipota hartzera, mundruna, eta gero popurri bat egiten nuen lurrarekin, eta harekin bizten genuen sua. [...] Eta ahizpa [...] Zorrotzara joaten zen eta han gantza ematen zioten, ez dakit nondik, hiltegiren batetik, eta horrekin xaboia egiten zen".

Emma Santinen lekukotza (Astrabudua, 1928)

"Guk gose-goserik ez genuen pasatu, ama berehala irten baitzen bidera [estraperlora]... 'Nire seme-alabek ez dute goserik pasatuko'".

Juli Gorosabelen lekukotza (Bilbo, 1933)

"Ganbara guztietan eta solairu guztietan erostera joaten zinen! [...] Nire lagun batzuen ama horretan aritzen zen. Roblako trenean joaten ziren –lan egiten zuten!...– Leon aldera eta, eta irin zakuak ekartzen zituzten. Lurrak ematen zuena. Etxera ekarri eta saldu egiten zuten. Ezkutuan. Eta garestiago [...] Eta ez zegoenez, ogerleko bat edo zeukana, ba, jateko, horixe zen lehen beharra eta".

Encarnación Santamariaren lekukotza (Sestao, 1932)

"Ahizpa eta biok Gizarte Laguntzara joaten ginen bazkaltzera. Eta bazen zital bat, maistra bat, ariman sartuta daukadana. Beno, hilda dago. Baina esaten zuen nire ahizpari ez ziotela janaririk emango, aitaren antz handia zuelako. 'Aitarena, eta gorria zela'".

Iturria: Elkasko Ikerketa Historikoko Bizkaiko Elkartearen Herri Memoria proiektuaren ahozko lekukotzen zatiak, https://herrimemoria.render.es/web/home/.

Arlo horretan, hain zuzen ere, hau da, asistentziaren arloan, lortu zuen nazionalsindikalismoak ekintza zehatzetan gauzatuko ziren ekimen batzuk behintzat sustatzea, gerraosteko lehen urteetako premia larrienen ondorioz, lehen falangismoaren amets sasi-iraultzaileei eta lan-munduaren gaineko kontrolari uko egin ondoren. Ekimen aipagarrienetako batzuk Espainiako Erakunde Sindikala (EOS) –Sindikatu Bertikala izenez ezaguna– bitarteko bideratu ziren. Sindikatua Italiako faxismoan inspiratutako mekanismoetako bat izan zen eta langileak kontrolatzeko eta sailkatzeko sortu zen –enpresariak ere sartzen zituen bere organigramaren barruan–, klase borrokarekin amaitu nahi zuen *harmonizismo soziala*ren ildotik. EOS-ek Obra Sindikal deiturikoen bidez garatu zuen arlo horretako eginkizunik azpimarragarriena. Zerbitzu asistentzialak ziren, langileen eta haien familien esparru eta beharrizan batzuk asetzera bideratuak, besteak beste, osasun arreta, astialdia eta etxebizitzaren arazoa.

Nolanahi ere, erregimena lehen unetik jabetu zen non zebilen eta zein eremutan zen beharrezkoagoa. Bazekien zein lurralde eta, batez ere, zein gizarte sektore izan zitezkeen zailenak; adibidez, langileena, non ezkerrak laguntza erabakigarria izan zuen Errepublika garaian eta Gerra Zibilean. Euskadin ere bai. Horretarako, frankismoak José Antonio Girón de Velasco jarri zuen Lan Ministerioaren buru 1941eko maiatzean, erretorika sutsuko falangista beterano bat, langileak erregimen berriaren konpromiso sozialaren zintzotasunaz konbentzitzeko asmoz (Molinero, 2005: 88-89). Izendatu eta hilabete batzuetara, Bilbora joan zen Echevarría fabrikako langileekin biltzera, eta hitzaldi zirraragarri bat zuzendu zien. Hitzaldi horretan, ildo nagusietako batzuk markatu zituen "ekoizleak" erakartzen saiatzeko, masak agian ez, oraindik ez baitzen haietaz fidatzen, baina bai behintzat liderretako batzuk, lankideengan eragina izango zutelakoan.

José Antonio Gironek Echevarriako fabrikan emandako hitzaldia (1942)

"[...] Ez zaigu axola onartzea ez garela ari jendetza bati hitz egiten; horregatik, gure lehen hitzekin esan nahi dugu ez dugula nahi inork guri gezurrik esatea ezta keinuarekin ere, ez dugula nahi inork bere uste sendoa gizalegezko baiezko keinuekin mozorrotzea, ze gizonen artean ari gara [...], Bizkaiko langileak, egoera honetan etorri gara zuekin hitz egitera, gertatu zenaren ondoren.

[...] ez zaigu masa interesatzen, jakin badakigulako lau gizon erabakior aski direla jendetza bat garaitzeko; baina zuen artean salbuespenezko gizabanakoak aurkitu behar ditugu, aurreiritzi marxisten kateak hausteko, eta Aberriaren egungo orduan lasai pentsatzeko gai diren gizabanakoak. Benetako errebeldea interesatzen zaigu, fede bat izateko eta horren alde borrokatzeko gai dena.

[...] gure betebeharra da begiak oraindik porrotaren garraztasun antzuan lozorroan dituztenak esnatzea, unearen garrantziaz behingoz jabetu daitezen eta beren pasibotasunak suizidiora daramatzala kontura daitezen.

Iraultza gorri eta beltzaren aldeko borrokan, bazterrean, aurrean edo gure ondoan jar zaitezkete, baina ezin izango diezue ondorioei ihes egin [...] horregatik etorri gara hona gogoeta eragitera. Zuen errebeldia justizia bihur daiteke gure eskuetan eta indar bizia izan Aberriarentzat zuen banderapean.

Iturria: Girón (1943), hemen aipatua: Molinero (2005: 89).

EOS arduratu zen batez ere erregimenaren oinarri soziala zabaltzeaz, beharra larriagoa zen esparruan. Etxebizitzaren Institutu Nazionalaren laguntzarekin, Etxebizitzaren Obra Sindikalak asmo handieneko proiektuetako batzuk jarri zituen abian, hala nola babes ofizialeko etxebizitzak eraikitzea. Garrantzitsuena Bilboko San Inazio auzoan eraiki zen. Francok inauguratu zuen (1950eko ekaina), eta berak eman zizkien etxeetako giltzak jabe berriei. Pisu gehienak, apalenak, langileentzat izan ziren. Beste batzuk, ordea, zabalagoak eta kalitate handiagokoak, banku eta merkataritzako langileentzat, funtzionarioentzat eta teknikari kualifikatuentzat gorde ziren. Haietako batzuk erregimenarekin estuki lotuta zeuden (Santas, 2007: 281-288). Horrelako etxebizitzak ematea, diktadurako beste zerbitzu batzuk bezala, beti egon zen nolabaiteko klientelismo politikoaren susmoz inguratuta.

Erregimenak bere diskurtso paternalista berrogeita hamarreko hamarkadaren erdialdetik aurrera Espainiarentzat irekitzen joan ziren garai berrietara egokitu behar izan zuen. Garai hartan, politika autarkiko eta isolazionista utzi zuen, agerikoa baitzen ekonomia benetako kolapsora eramateko mehatxua, eta bete-betean ekin zion herrialdearen modernizazioari. Jose Luis Arrese falangista bilbotarrak, Mugimenduko idazkari nagusi eta Etxebizitzako ministroak, 1956an esandako hitzak ezin litezke grafikoagoak izan, ezta mezua asmo handiagoz adierazi ere: "Jabeen Espainia lortu nahi dugu, ez proletarioena" (Girón, *ABC*, 1959ko abuztuaren 2a). Kontua ez zen soilik langileei etxebizitza duinak ematea, baizik eta, batez ere, ezkerreko diskurtso zaharrak lurperatzea, neke eta ahalegin handiz miseriatik irteten eta kontsumo gizartean sartzen hasitako langileek osatutako klase ertain bat sortzen lagunduko zuen politika baten bidez. Hori guztia Etxebizitza Ministerioak bultzatu zuen, Arreseren zuzendaritzapean benetako misiotzat hartu baitzuen bere zeregina, falangismoaren ideal zaharrek eta kristautasun paternalistak adoretuta. Izan ere, erregimen horrek, larruz aldatu arren, erlijioa, familia, etxea eta aberria defendatzen jarraitzen zuen erregimen frankistaren funtsezko balio eta zutabe gisa.

José Luis Arrese (1959)

Ministerioak bere eskuetan du bitartekorik eraginkorrena: legeria babeslea, eta erabili egin behar du estatuaren laguntzarekin eraikitzen diren etxe guztiak jabetzara iristeko sistemarik azkar eta eraginkorrenarekin eraiki daitezen.

Ez dugu nahi, eta gaitz bat dela uste dugu, nahiz eta batzuetan beharrezko gaitza izan, eraikuntza modu kolektibo batean errentamendura bideratzea, ezta jabetza eskuratzera ere, urruneko epeek pizgarria suntsitzen badute [...] formula ideala, kristaua, iraultzailea gure iraultzaren ikuspuntutik, jabetzaren formula egonkor eta harmoniatsua da, non posible egiten den hain logikoa eta gizatiarra den helburu hori —orain arte diruaren pribilegioari soilik erreserbatua—: etxebizitza bertan bizi denarena izan dadin lortzea.

Gure ahalegina, Ministerioaren ahalegin osoa, aurrerantzean horretara bideratuko da, eta esan dezagun ozen eta begirada tinko, uste baitugu horretan dagoela guztion arteko harmonia etxe finko eta egonkor baten bakean lortzeko helburu komunari zerbitzua emateko modua [...].

Ez dugu nahi masari proletarioa deitu zion doktrina garaile atera dadin, kristau gizartean gizakiak dirurik gabe gauza bakarra eduki dezakeela esan baitzuen: seme-alabak; ez dugu nahi gizakiari estuki lotutako gauzen jabetza bere existentziatik at geratzea, ez dugu proletarioen Espainia nahi, jabeen Espainia nahi dugu. Eta gurea bezalako doktrina sozial batek egin ditzakeen eta egin behar dituen ahalegin guztien artean, gizakia sortzez dagokion duintasun fisiko eta metafisikoraino altxatzeko sortu baita, ez dago ahalegin zorrotzagorik ezta ederragorik espainiar guztiak bizi diren etxearen jabe senti daitezen baino, etxe hori ez baita osatzen duten lau hormak bakarrik, bazter bakoitzean ezkutatzen den istorio txikia eta oroitzapenez betetzen duen airea ere bada.

Horrela bakarrik esan genezake bizitzaren bertsio desberdina eman dugula, eta, azken batean, horrela bakarrik esan genezake lau haizeetara amildegi komunistara bultzatzen gintuen norabidea okertzera etorri garela [...]

Iturria: José Luis Arreseren hitzaldia higiezinen jabetzako agenteek egin zioten omenaldian, 1959ko maiatzaren 2an.

Hala ere, politika hori gertaera zehatzetan gauzatu zedin, arazo garrantzitsu batzuk gainditu behar izan ziren. Agerikoenak frankismoa "ekoizleen" bizi baldintzak hobetzeko asmoz nolabaiteko legitimitatea aurkitzen saiatu zen eremuan agertu ziren gordintasun osoz. Berrogeita hamarreko hamarkadaren amaieran eta hirurogeiko hamarkadaren hasieran milaka familia iritsi ziren euskal probintzietara aukera berrien bila, eta horrek benetako lurrikara soziala eragin zuen, batez ere Bizkaian, lurzoru eraikigarriaren erabilgarritasun arazoengatik eta industrialdean finkatu zen migrazio mugimenduaren tamainagatik.

Agintarien aurreikuspen falta agerian geratu zen Bilbo Handian, ehunka txabola ugaritu baitziren erregimen frankistaren propaganda zabaldu nahi zuen irudi idilikoa hondatzen zutenak. Euskadin "denentzako lana zegoen", baina etxebizitza nahikorik ez Espainiatik etorri berri zen etorkin multzo hura hartzeko. Arazo horri aurre egiteko, ekimen berriak jarri ziren martxan, hala nola Bizkaiko Gizarte Larrialdirako Plana (1959), Bilboko Otxarkoaga auzoa eraikitzea ekarri zuena, desarrollismoaren garaiko etxebizitza sozialen arloko proiekturik handienetako bat. Erregimenak garai hartako propaganda ekimen garrantzitsuenetako bat burutu zuen hirurogeiko hamarkadako irudi atsegin, paternalista eta eraginkor berria zabaltzeko. Francok Bilbora egindako bisitaren berri emateko NODOak zabaldutako albistean, "klase sozial guztien Generalisimoarekiko atxikimenduzko omenaldi etengabe eta beroa" eta "txabolismotik ateratako pertsonek estatuburuari egindako poz adierazpenak" nabarmentzen ziren[2].

Espainiako gizartearen zati handi bat, bereziki egoera txarrenean zegoena, alokairuan bizi izan zena, jabetzako etxebizitzak eskuratzen hasi zen. Eta ez hori bakarrik, erosi zituzten pisuak etxetresna elektrikoz, hozkailuz eta garbigailuz bete ziren, baita telebistaz ere, eta hain zuzen ere, telebista horiek iragartzen zieten egunero, epekako salmentei esker, ordura arte ezezaguna zitzaien mundu hori eskuragarri zutela. Horrez gain, langile familiak 50eko hamarkadaren erdialdean Bartzelonako Seat fabrikan katean ekoizten hasi ziren lehen Seiscientosak ere hasi ziren erosten. Aldaketak nabarmenak izan ziren estatu osoan, batez ere hirietan eta industriaguneetan, Euskadin bereziki, bertan biztanle bakoitzeko errenta eta bizi maila Espainiako batezbestekoa baino altuagoa baitzen. Dirua barra-barra ibiltzen hasi zen langileen auzoetan ordura arte inoiz ibili ez zen moduan. Kontsumismo bolada haren berotasunean, era guztietako taberna, jatetxe eta dendak ireki ziren. Kale batzuen izenak "birbataiatu" ere egin ziren, hala nola Sestaoko "Pelaren kalea" edo Santurtziko "Dolarraren kalea", hirurogeiko hamarkadan hasi zen gastu handiaren omenez. Soldaten eta aparteko orduen igoerari esker, etxe askotan erosotasun berriak eskuratu eta gozatu ahal izan ziren.

2. Bideoa ikustea gomendatzen dugu: https://lc.cx/cvKEWU.

TAULA 2

BIZKAIKO ETXEBIZITZEN EKIPAMENDUAREN ETA BALDINTZEN BILAKAERA (%)

	1968	1975
Ur beroa	58	83
Bainugela	31	75
Elektrizitatea*	6	20
Gasa*	58	70
Ikatza*	32	9
Egurra eta bestelakoak*	4	1
Hozkailua	45	87
Garbigailua	74	88
Irratia/transistorea	86	86
Telebista	51	92
Disko jogailua	16	25
Autoa	16	32
Telefonoa	32	52

* Estatistikan jasotako erregaiak sukaldeetan erabiltzen ziren energia motei dagozkie.
Iturria: Geuk egina, iturri honetan oinarrituta: INE, Familien ekipamenduen, baldintzen eta aurrekontuen estatistikak, 1968 eta 1975.

ARIKETA 5

- Galdetu 60ko hamarkadan bizi izan ziren inguruko pertsonei ea gogoratzen duten beren familian nola bizi izan zuten kontsumoaren kulturara iriste hori. Nola erosi zuten lehen etxebizitza? Noiz erosi zituzten garbigailua, autoa, telebista, etab.? Bat al datoz haien bizipenak testu honetan deskribatzen denarekin?
- Ikertu urte horietan edo geroago honelako esamoldeak erabiltzea ohikoa ote zen haien inguruan: "Francorekin hobeto bizi ginen", "inon ez da bizi Espainian bezala", "orain oso ondo bizi gara, zuk ez dakizu zer izan zen gerraostea", "Francok Espainiako ongizate sistemaren oinarriak jarri zituen" eta antzekoak. Ba al zegoen gizartea frankismora egokitu zela erakusten zuen beste adierazpenik?

1960 inguruan, frankismoak onarpen sozial handi samarra zuen Euskadin eta Nafarroan. Eta hori, neurri handi batean, politika ekonomiko berriak ekarri zuen oparotasunagatik gertatu zen, baina baita lehen aipatutako ekimenengatik ere, nahi ziren helburuak lortu baitzituzten: beharrizan batzuk betetzea eta itxuraz gerraoste luzeko pobreziatik irteten ari ziren gizarte klase zabalen nolabaiteko onespena lortzea.

Ordurako, euskal gizartea, Espainiako gainerako gizartea bezala, oso desmobilizatua zegoen. Bi hamarkada baino gehiagoko kontrol ia absolutuaren ondoren lortutakoarekin pozik erregimenak bultzatutako politika ekonomikoaren biraketa trebearen emaitza zen. Berrogeita hamarreko hamarkadaren amaieran hasitako aldaketak, Egonkortze Plana abian jartzean gauzatutakoak, dena eraldatu zuen. Plan horrek 60ko hamarkadako "Espainiako mirari ekonomikoaren" oinarriak jarri zituen, alegia, garapen industriala areagotzea, merkatu nazionala kanpora irekitzea eta gizartea masa kontsumora iristea. Mirari hori Espainiatik alde egin eta Europa garatuagoan hemen ukatzen zitzaien etorkizuna bilatu zuten bi milioi pertsona baino gehiagoren migrazioak ere lagundu zuen. Biztanle kopuru handi horren irteerak dibisen sarrera ekarri zuen, lan merkatuaren presioa arindu eta erregimen frankistaren lehen bi hamarkadak definitu zituen miseriatik gero eta urrunago zegoen egoera berri bat marrazten lagundu.

Baina gizartearentzat eta erregimenarentzat hain etorkizun handikoa zen egoera hura laster aldatu zen Euskadiko industrialdeak 60ko hamarkadaren erdialdetik diktadura amaitu arte astindu zituen greba ziklo baten hasierarekin. Lehenago protesta batzuk izan ziren, garrantzitsuak, baina puntualak, eta oposizio klandestinoaren jarduerak apenas lortu zuen erregimena kezkatzea, erbesteko erakunde sindikalek eta Eusko Jaurlaritzak 1947an eta 1951n deitutako greba orokor sinbolikoetatik haratago. Alderdi eta sindikatu historiko garrantzitsuenek (EAJ, PSOE, PCE, ELA-STV, UGT eta CNT) Frantzian zuten zuzendaritza, eta arazo handiak zituzten Euskadin bertan gutxieneko jarduera antolatu bat eratzeko.

Hala ere, hurrengo hamarkadan, hirurogeikoan, egoera goitik behera aldatu zen. Euskal gizarteak, batez ere langileriak, bizi baldintzak are gehiago hobetu nahi zituen. Langile mugimendu berri batek, Comisiones Obreras buru, non militante komunistek parte hartu zuten gizarte ekintzarekin lotutako erakunde katolikoetako kideekin batera, hala nola Ekintza Katolikoko Langile Ermandadea (HOAC) eta Langile Gazteria Katolikoa (JOC), Euskal Herriko lan gatazkak zabaltzen lagundu zuen modu erabakigarrian.

Frankismoaren zilegitasuna hamarkada hartan bertan hasi zen hausten Euskal Herrian. Ordura arte, erregimenarekiko bizikidetza zegoen. Erakunde klandestinoetako militante urriak izan ezik –zeinak oposizio politikoa ahalegin handiz berreraikitzen saiatzen ziren–, gainerako gizartea, gehiengoa, politikatik at zegoen, bai oposizioko talde horiek aldarrikatu nahi zutenetik, bai erregimena berretsi nahi zuenetik. Bigarren fase horretan, diktadura bere legitimitate eredua aldatzen saiatu zen, erregimenak "demokrazia organikoa" izena eman zion araudi eta prozedura multzo bat ezarriz, besteak beste, Gorteetako kideak (prokuradoreak) aukeratzeko hauteskundeak eta lege jakin batzuk berresteko plebiszitu eta erreferendumak egitea. Hala ere, aniztasun politikorik eta adierazpen, elkartze eta parte-hartze politikorako askatasunik ez zegoenez, "demokrazia" hori itxurakeria baino ez zen; garai hartan esaten zen "diktadura" batetik "diktablanda" batera igaro zela.

Diktaduretan, eta Frankismoan ere bai, hautestontzietan egindako kontsulten emaitzak oso zalantzazkoak dira, parte-hartzeari buruzko datuak barne, baina datu horiek argi uzten zuten euskal gizartearen interesik eza edo desafekzioa eta oso desberdinak ziren Espainiako gainerako lurraldeetako jokabidearekin alderatuta. Estatuko Lege Organikoa (funtsezko testuetako bat) berresteko 1966ko abenduan egin zen erreferendumean abstentzioa bereziki handia izan zen euskal probintzietan, Estatuko altuena hain zuzen ere. Gipuzkoan % 24,2 eta Bizkaian % 21,3; Estatuko batez bestekoa % 10,8 izan zen. Gorteetarako prokuradoreen hauteskundeetan, urtebete geroago, 1967ko azaroan, parte-hartzea ez zen % 40ra iritsi (Fusi, 2017: 42).

5. DIKTADURAREN AMAIERA EUSKADIN ETA FRANKISTEN JAZARPENA

Euskal gizartearen gehiengoak Euskadin diktaduraren azken aldian zabaltzen hasi ziren protestetan parte hartu ez bazuen ere, egoera aldatzen hasia zen. Lan gatazkak gero eta gehiago ziren eta Bizkaia eta Gipuzkoa ziren Estatuan greba gehien zuten probintziak; ondoren, Araba batu zitzaien, 1975. urtearen amaieran eta 1976. urtearen hasieran. Baina, batez ere, ETAren agerpenak aldatu zuen egoera, esan bezala. Indarkeria terroristaren agerpena benetako lurrikara izan zen, eta haren ondorioak Franco hil eta hamarkada batzuetara hedatu ziren. Erakundearen diskurtsoak, gero eta erradikalagoak eta oldarkorragoak, borrokazko literaturatik ekintza zehatzetara eta frankismoa irudikatzen zuten elementu sinbolikoen aurkako erasoetatik atentatu hilgarrietara igaro ziren (Molina, 2013: 76-79).

Nolabaiteko garrantzia izan zuen lehen sabotajea 1961eko uztailaren 18ko data sinbolikoan egin zen, eta Bilbo eta Donostia lotzen zituen trenbidearen aurka bideratu zen. Trenbide horretatik, gudari karlista ohien talde handi bat pasatu behar zen Gipuzkoako hiriburura, "Altxamendu Nazionala"ren XXV. urteurrena ospatzeko. Erasoak ez zuen kalte garrantzitsurik eragin, asmoa zen Gerra Zibilari buruzko narratiba epiko eta orbangabeak itxuragabetzen zuen orban lotsagarria oroimenetik ezabatzea, euskal frankistek ez baitzuten lekurik izan behar narratiba epiko horretan. Kapitulu horren ondotik beste hainbat eraso etorri ziren erregimenaren aldeko hilarri eta inskripzioen aurka eta, azkenean, Oñatiko, Lazkaoko eta Ondarroako alkateen aurka zuzendutakoak. Bidea urratu zuen hilketa Carlos Arguimberrirena izan zen (1975eko uztailaren 7an), autobus gidari eta Debako Udaleko zinegotzi ohiarena; ETAk Poliziaren konfidentziala eta frankismoaren kolaboratzaile aktiboa izatea egotzi zion.

Baina jauzi kualitatiboa Txiki eta Otaegi 1975eko irailaren 27an fusilatu eta aste batzuetara gertatu zen: ETAk komunikatu bat zabaldu zuen "Euskadin beren eginkizunak betetzen zituzten alkate, diputatu eta gainerako arduradun eta administrari guztien aurkako erasoaldia" iragartzeko, zuzenean leporatuta "Espainiako Gobernuaren konplize kontziente eta zuzenak zirela" (Pérez, 2021: 239). Erakunde terroristak bi hilabeteko epea eman zien dimisioa aurkezteko. Baina epea amaitu baino lehen, Oiartzungo alkate José Antonio Echevarría Albisu hil zuen. 1975eko azaroaren 24an gertatu zen, Franco hil eta lau egunera. Horrekin, ETAk argi utzi zuen hiltzen jarraituko zuela, diktadorea desagertuta ere.

Albisukoa izan zen hainbat agintariren bizia akabatu zuten atentatu sorta oso baten lehena ere: Galdakaoko (Victor Legorburu), Etxarri Aranatzeko (Jesús Ulayar), Olaberriako (José Antonio Vivó) eta Bediako (Luis María Uriarte) alkateak, baita Gipuzkoako (Juan María Araluce) eta Bizkaiko (Augusto Unceta) aldundietako presidenteak eta Irungo (Julio Martínez Ezquerro) zinegotzia. Huts egindako hainbat saiakera ere izan ziren, hala nola Bilboko alkatearen (Pilar Careaga) aurkako atentatua, zeina larriki zauritu zuten eta Euskaditik alde egin zuen.

Jazarpen horrek pertsona esanguratsu batzuek ere izan zituen jomuga, hala nola Javier de Ybarra y Bergé, Bizkaiko Diputazioko presidentea, Bilboko alkatea, Gorteetako prokuradorea, Mugimenduko kontseilari nazionala, *El Correo*ko kontseilari ordezkaria, Babcock Wilcoxeko presidentea eta beste enpresa eta banketxe garrantzitsu batzuetako presidentea izandakoa. Biktimak ezinbesteko elementu guztiak biltzen zituen ETAren terrorismoaren lehentasunezko helburu izateko. Frankista ospetsua zen, Bilboko kaleetatik desfilatu zuen Nafarroako IV. Brigaden buruan, hiriburua frankisten eskuetan erori ondoren, eta "Euskal Herri Langilea esklabizatzen" zuen "Neguriko Inperioko" familia ezagunenetako batekoa zen, erakunde terroristaren ingurune politiko eta sozialeko literaturak nabarmendu zuenez. Beraz, nazio etsaia eta klase etsaia zen. Javier de Ybarraren bahiketa eta erailketak, 1977ko ekaineko hauteskunde orokorrak baino egun batzuk lehenago, izugarrizko zirrara eragin zuen eta ikaragarrizko ihesaldia ekarri zuen, bai kargu frankista ohiena, bai Euskal Herriko elite sozial eta ekonomikoko kide garrantzitsuena.

Baina nolabait euskal frankismoaren aurpegirik nabarmenena izan zen sektore politiko horren aurkako jazarpena ez zen horretan geratu. Berunezko urteetan, terrorismoaren urte beltzenetan, jazarpena euskal eskuinaren eta eskuin zentroaren aurka hedatu zen, demokrazian jada Alianza Popular eta Unión de Centro Democrático alderdien aurka alegia, zeinen lerroetan kargu frankista ohiak baitzeuden. Bi alderdiek benetako ehizaldia pairatu zuten beren buruzagien aurkako hilketa batzuen ondoren, eta ia desagertu ziren. ETAk sektore politiko horren aurka abiarazi zuen kanpaina terrorista Euskadin pluralismoaren aurka gertatu zen eraso handienetako bat izan zen[3].

Carlos Ruiz Cortadiri elkarrizketa (2018)

"Bueno, oso bitxia da, hemen Trantsizioa egin zutenei eman behar zaizkie merituak. Bueno... meritua herrian dago eta meritua bosgarren mailan geundenongan dago, erregimen batetik irten eta beste batean sartzea onartu genuenongan, eta Aliantza Popularrean geunden asko azken hilzoriko Erregimenaren laguntzaile edo ez dakit zer izan ginen, baina hala ere onartu genuen formula horretara joatea. [...] Ireki genuen lehen egoitza, Bilboko egoitza, Errekalde zumarkalean ireki genuen, Deportibotik, frontoitik gertu. Errentamendu kontratua egiteko orduan... ba ez

3. Fenomeno hori guztia xehetasun handiz garatzen da *Euskal gizartea, pluraltasuna pluralismorik gabe?* izeneko bildumako beste liburu batean (Rivera eta Sáez de la Fuente, 2024).

genuen jarri Alianza Popular ginela, beldurragatik, badaezpada, publizitate agentzia bat ginela esan genuen. Hori da orduan zegoen askatasun maila.

[…] Nire seinalea da Sestaoko lehen alkateordea izan nintzela, eta 77an, lehen hauteskunde demokratikoetan, Alianza Popularreko buru gisa parte hartu nuela […] nik mitinetan pixka bat markatzen nuen […] emigranteen botoa erakartzeko ildoa […] esanez 'aizu, separatistek *koreano* deitu dizute, separatistek *maketo* deitu dizute, eta orain botoa eskatzen dizute interesatzen zaielako' […] Balmasedan tiroak ere izan ziren […]

Jazarpena 77an hasi zen, gutxi gorabehera, eta 79. urtearen amaierara arte iraun zuen, alde egitea erabaki genuenera arte. Udaletxea utzia nuen eta uste nuen ez nintzela ezeren jomuga. Inozoa halakoa. Mehatxuak hartzen jarraitu nuen. Etxera deitzen didate oraindik. Batzuetan nik hartzen dut, gogoratzen dut batzuetan modu txarrean erantzuten dudala... 'kaguen…', tira... baina hor geratzen zaizu kontua […] abuztuan Bilbora joan nintzen erosketa batzuk egitera autoan, eta non konturatzen den seme txikia atzetik datozela. Berarekin joan nintzen, autoan sartu zen, atzeko aldean geratu zen, eta Posta kaletik sartzean diost: 'aita, kontuz, auto bat atzetik datorkigu' […] Eta ni, orduan, kontuz, eta mutiko hau nola… —zazpi urterekin, gero!... Zer gertatzen zaio mutiko honi?— Zer pentsatua eman zidan gau hartan, zera… Nola bizi daiteke nire semea tentsio honekin? Nork sartu dio hori kaskoan? Hori ezinezkoa da. Eta horrek pentsarazi egin zidan hilabete oso batez, neure buruari esanez 'gaizki ari naiz hezten'. Hau da, zazpi urteko mutiko batek uste badu aita hankak aurretik atera daitekeela, zerbait gaizki egiten ari gara.

Kontua serio ari zen jartzen. Babesa ipini zidaten, bi polizia, batzuetan etxean lo egiten zuten, eta gure semea gizon horiek nor ziren galdezka. Lo egiteko hotelik aurkitu ez duten aitaren bi lagun. Ikusten? Ezin genuen horrela jarraitu eta 1979. urtearen amaieran joan egin ginen. Nire lurra utzi nuenean malkoak erortzen zitzaizkidan. Hau da, malkoak aurpegitik behera, eta norbera barrutik esaten: Eta zergatik irten behar dut nire lurraldetik? Niri nire lurraldea beste inori baino gehiago gustatzen zait, ni espainiarra bezain euskalduna sentitzen naiz, baina hori ez dut uste oraindik akats bat denik, bakoitza sentitzen den bezala sentitzen da. [...] Baina Madrilera joan behar nuen eta horrek barrutik hautsi ninduen".

Iturria: 2018ko abenduaren 10ean Carlos Ruiz Cortadiri egindako elkarrizketa. Sestaoko zinegotzia eta alkateordea izan zen erregimen frankistaren azken korporazioan eta Alianza Popularreko kidea.

Frankista izatearen salaketa benetako estigma bihurtu zen, baina iragana ez zen gauza bera izan batzuentzat eta besteentzat. Politikoki eboluzionatu eta alderdi abertzaleetan afiliatu zirenei, Herri Batasuna —ETAren beso politikoa— barne, magiaz bezala desagertu zitzaien beste pertsona batzuk heriotzara kondenatu zituen eta benetako garbiketa ideologikoa legitimatzen lagundu zuen orban hura, haientzako lekurik ez zegoelako erakunde terroristak defendatzen zuen eta haren proiektu politiko totalitarioa babesten zutenen Euskadi nazionalistan.

6. ONDORIO GISA

Liburu honetan erakutsi nahi izan dugu nola sortu eta sendotu ziren lau hamarkadatan Euskadin diktadurari eusten lagundu zuten laguntza motak. Orrialde hauetan zehar, erregimenari atxikitzeko hainbat formula egon zirela egiaztatu ahal izan dugu. Bazen euskal elite politiko bat ideia karlistak, tradizionalistak edo falangistak zituena, Estatuaren egituran integratu zena: haren zati batek botere postu oso garrantzitsuak bete zituen Madrilen ministerioetan, edo botere zentralak botere lokala kontrolatzeko bide pribilegiatu bihurtu zen, gobernadore zibil gisa jardunda Euskal Herritik kanpo; beste sektore bat bere lurraldean geratu zen, eta udaletan edo probintzietako diputazioetan jardun zuen. Euskal enpresariek, baita filiazio nazionalistakoek ere, beren interes ekonomikoak lehenetsi zituzten, eta haien etekinak biderkatu egin ziren garapen ekonomikoari esker eta askatasun sindikala erabat deuseztatu zuen legeriari esker. Eliza, bere aldetik, eta batez ere lehen hamarkadetan, ideia nazional katolikoen sozializazioaren funtsezko ardatza izan zen eta, horren bidez, erregimenaren euskarria. Azkenik, gizartea, oro har, nagusi zen girora egokitu zen nolabait, batez ere, bere bizi baldintzen hobekuntzari esker, gerraosteko biziraupen hutsetik irten eta ongizateko mailara igotzeko aukera izan zuenean.

Ez dugu gutxietsi nahi izan errepresio politiko, ekonomiko eta kulturalaren pisua eta herritarrak despolitizatzeko beldurraren erabilera, ezta diktadurari aurre egiteko modu desberdinen garrantzia ere. Dena dela, babes horiek agerian uzten dute euskal gizartearen aniztasuna eta konplexutasuna, eta, ondorioz, zalantzan jartzen dute hor zehar dabilen mito bat, alegia, frankismoa frankismoaren kontrako ahobatezko izaeragatik biktimizatutako euskal herriaren aurkako espainiar indar inbaditzailea izan zela. Liburu honetan aurkezten dugun analisiaren argitan, ETAren indarkeria, euskal herria indar frankista inbaditzaileetatik eta haien oinordekoetatik askatzeko beharrezko bitarteko gisa justifikatzen zena, euskal herriaren beraren arazketa ideologiko eta politikorako nahita egindako estrategia gisa agertzen da; izan ere, sinbolikoki edo materialki, bere ideia nazionalista erradikalekin bat egiten ez duen oro kanporatzen du, euskal herritartzat jotzen ez duelako.

BIBLIOGRAFIA

ALEGRE, David (2022): *Colaboracionistas. Europa Occidental y el Nuevo Orden nazi*, Bartzelona, Galaxia Gutenberg.

ÁLVAREZ, Antonio (1966): *Enciclopedia intuitiva, sintética y práctica*, Valladolid, Miñón.

AÑOVEROS, Antonio (1974): "El cristianismo, mensaje de salvación para los pueblos", 1974ko otsailaren 24an Bizkaiko elizetan irakurritako homilia.

ARANZADI, Juan (2000): *El milenarismo vasco*, Madril, Taurus.

BARCIELA, Carlos (2023): *Con Franco vivíamos mejor. Pompa y circunstancia de cuarenta años de dictadura*, Madril, Los Libros de la Catarata.

BARROSO, Anabella (2001): "Iglesia vasca, una iglesia de vencedores y vencidos. La represión del clero vasco durante el franquismo", *Revista Ayer*, (43), pp. 87-109.

CALVO, Cándida (1995): *Poder y consenso en Guipúzcoa durante el franquismo, 1936-1951*, Salamanca, Universidad de Salamanca.

CANAL Y MORELL, Jordi (2006): *Banderas blancas, boinas rojas: una historia política del carlismo, 1876-1939*, Madril, Marcial Pons.

CANTABRANA, Iker (2009): "Octavistas contra oriolistas. La lucha por el control de las instituciones, 1936-1957)", in Antonio Rivera (dir.), *Dictadura y desarrollismo en Álava*. Vitoria-Gasteiz, Vitoria-Gasteizko Udalaren, pp. 121-174.

CASTELLS, Luis eta RIVERA, Antonio (2015): "Las víctimas. Del victimismo construido a las víctimas reales", in Fernando Molina eta José Antonio Pérez, *El peso de la identidad. Mitos y ritos de la historia vasca*, Madrid, Marcial Pons, pp. 265-305.

CAYÓN, Francisco eta MUÑOZ, Miguel (2000): "José María de Oriol y Urquijo", en Eugenio Torres (dir.), *Los 100 empresarios españoles del siglo XX*, Madril, Lid, pp. 419-423.

CENARRO, Ángela (2014): "El Auxilio social de Falange (1936-1949): entre la guerra total y el Nuevo Estado", *Bulletin of Spanish Studies*, 91(1-2), pp. 43-59.

DÁVILA, Paulí eta NAYA, Luis M. (2013): "La enseñanza privada religiosa en España: instituciones, políticas e identidades", en Joaquín Pintassilgo, *Laicidade, Religiões e Educação na Europa do Sul no Século XX*, Lisboa, Instituto de Educação da Universidade de Lisboa, pp. 367-392.

DEL ARCO, Miguel Ángel (2009): "El secreto del consenso en el régimen franquista: cultura de la victoria, represión y hambre", *Revista Ayer*, (76), pp. 245-268.

DEL ARCO, Miguel Ángel; FUERTES, Carlos; HERNÁNDEZ, Claudio eta MARCO, Jorge (2013): *No solo miedo. Actitudes políticas y opinión popular bajo la dictadura franquista (1936-1977)*, Granada, Editorial Comares.

DÍAZ, Beatriz y SOLÉ, Belén (2015): *Era más la miseria que el miedo. Mujeres y franquismo en el Gran Bilbao. Represión y resistencias*, Bilbo, Elkasko.

EUSKO IKASKUNTZA (datarik gabea): "Informe relativo a las actitudes políticas e ideología de Monseñor Javier Lauzurica, Administrador apostólico de la Diócesis de Vitoria", *Eusko Ikaskuntza*, https://lc.cx/vKJ-eL.

FERNÁNDEZ, Antonio (1951): *Enciclopedia práctica*, Bartzelona, Editorial Miguel A. Salvatella.

FUNDACIÓN EUSKAL MEMORIA (2014): "¿Quiénes somos?", Fundación Euskal Memoria, https://www.euskalmemoria.eus/es/Quienes_somos_.

FUSI, Juan Pablo (2017): "Los años sesenta. Los años de la ruptura", in Juan Pablo Fusi eta José Antonio Pérez (eds.), *Euskadi 1960-2011. Dictadura, transición y democracia*, Madril, Biblioteca Nueva.

GARCÍA, Milagros; VELASCO, Roberto eta MENDIZABAL, Arantza (1981): *La economía vasca durante el franquismo. Crecimiento y crisis de la economía vasca: 1936-1980*, Bilbo, Gran Enciclopedia Vasca.

GIRÓN, José Antonio (1943): "En la fábrica Echevarría, 21-2-1942", *Escritos y Discursos*, vol. I: *1941-1943*, pp. 133-136.

— (1959): "No queremos una España de proletarios, sino de propietarios", *ABC*, 2 de agosto.

GÓMEZ, Javier (2014): *Matar, purgar, sanar. La represión franquista en Álava*, Madril, Tecnos.

GÓMEZ, Javier; BARRUSO, Pedro; ZUBIAGA, Erik; BERRIOCHOA, Pedro eta BERMÚDEZ, Ángela (2023): *Errepresioaren aurpegiak Gerra Zibilean eta gerraondoan Euskadin (1936-1965)*, Madril, Los Libros de la Catarata.

GONZÁLEZ DE LANGARICA, Aitor (2009): "El tercer modelo de industrialización vasca: Vitoria, 1936-1966", in Antonio Rivera (dir.), *Dictadura y desarrollismo en Álava*, Vitoria-Gasteiz, Vitoria-Gasteizko Udalaren, pp. 21-84.

GONZÁLEZ PORTILLA Y GARMENDIA, José María (1988): *La guerra civil en el País Vasco. Política y economía*, Madril, Siglo XXI.

JÁUREGUI, Gurutz (1981): *Ideología y estrategia política de ETA. Análisis de su evolución entre 1959 y 1968*, Madril, Siglo XXI.

JUSTEL, Manuel (1992): "Edad y Cultura política", *Revista REIS*, (58).

LANDABURU, Javier (1956): *La causa del pueblo vasco*, Paris, Imp. Société Parisienne d'Impressions, pp. 27-28.

LÓPEZ DE MATURANA, Virginia (2009): "Política y poder local. El Ayuntamiento de Vitoria durante el franquismo", in Antonio Rivera (dir.), *Dictadura y desarrollismo en Álava*, Vitoria-Gasteiz, Vitoria-Gasteizko Udalaren, pp. 175-217.

— (2014): *La reinvención de una ciudad. Poder y política simbólica en Vitoria durante el franquismo (1936-1975)*, Leioa, EHUko Argitalpen Zerbitzua.

LOUZAO, Joseba (2023): *Enrique Vicente y Tarancón. Las consecuencias del Evangelio*, Madril, Kahf.

MARÍN, Martín (2013): "Los gobernadores civiles en el franquismo: 1936-1963. Seis personajes en busca de autor", *Historia y Política*, (29), Madril, urtarrila-ekaina, pp. 269-299.

MARÍN, Martín; PONCE, Julio eta SANZ, Julián (datarik gabea): "Base de datos de gobernadores civiles (1936-1982)", Universidad de Sevilla, https://lc.cx/jflnqV.

MOLINA, Fernando (2005): *José María Arizmendiarrieta (1915-1976). Biografía*, Arrasate, Caja Laboral-Euskadiko Kutxa.

— (2013): "Inserción de procesos nacionales. Nacionalización y violencia política en el País Vasco 1937-1978", *Cuadernos de Historia Contemporánea*, 35, pp. 63-87.

MOLINERO, Carme (1998): "Mujer, franquismo, fascismo. La clausura forzada en un mundo pequeño", *Historia Social*, (30), pp. 97-117.

— (2005): *La captación de las masas. Política social y propaganda en el régimen franquista*, Madril, Cátedra.

PÉREZ, José Antonio (2009): "Foralidad y autonomía durante el franquismo (1937-1975)", in Luis Castell eta Arturo Cajal, *La autonomía vasca en la España Contemporánea (1908-2008)*, Madril, Marcial Pons/Instituto de Historia Social Valentín de Foronda.

— (2021): *Historia y memoria del terrorismo en el País Vasco, 1968-1981*, Almería, Confluencias.

PÉREZ DÍAZ, Víctor (1993): *La primacía de la sociedad civil*, Madril, Alianza.

RIVERA, Antonio eta SÁEZ DE LA FUENTE, Izaskun (2024): *Euskal gizartea: ¿pluraltasuna pluralismorik gabe?*, Madril, Los Libros de la Catarata.

RODRIGO, Javier (2006): *Violencia durante la guerra civil y la dictadura franquista*, Madril, Alianza.

RODRÍGUEZ, Desiré (2017): "La Sección Femenina de Falange como guía adoctrinadora de la mujer durante el Franquismo", *Asparkia*, 30. Zk., pp. 133-147.

SÁEZ DE LA FUENTE, Izaskun (2001): *El Movimiento de Liberación Nacional Vasco, una religión de sustitución*, Euskal Herriko Unibertsitatean aurkeztutako doktore tesia.

— (2002): *El Movimiento de Liberación Nacional Vasco, una religión de sustitución*, Bilbao, Desclée de Brouwer, Instituto Diocesano de Teología y Pastoral.

SANTAS, Asier (2007): *Urbanismo y vivienda. Veinte años de postguerra*, Bilbo, Euskal Herriko Arkitektoen Elkargo Ofiziala.

UGARTE, Javier (1998): *La nueva Covadonga insurgente. Orígenes sociales y culturales de la sublevación de 1936 en Navarra y el País Vasco*, Madril, Biblioteca Nueva.

ZUBIAGA, Erik (2017): *La huella del terror franquista en Bizkaia. Jurisdicción militar, políticas de captación y actitudes sociales, 1937-1945*, Leioa, EHUko Argitalpen Zerbitzua.